中公新書 2840

笠原英彦著

皇室典範

——明治の起草の攻防から現代の皇位継承問題まで

中央公論新社刊

はじめに

二〇〇一年一二月、成婚九年目にして、皇太子夫妻（現在の天皇、皇后）に待望の第一子、愛子内親王《あいこないしんのう》が誕生した。ついで〇六年九月には、秋篠宮家《あきしののみや》に悠仁親王《ひさひとしんのう》が誕生。皇位継承資格を有する皇族男子の誕生は、秋篠宮文仁親王《ふみひとしんのう》以来四一年ぶりのことであった。一九九〇年代頃から、日本でも少子化に伴う人口減少が表面化し、皇室でもまた皇族の減少が顕著となった。

しかも戦後、皇位継承資格を嫡出に限定したうえ、皇室典範《こうしつてんぱん》がそれを男系男子に限定したため、皇位継承資格者の確保は容易でなくなった。こうした現行の皇室典範は、明治の中頃に制定された皇位継承など皇室に関するわが国最初の成文法、明治皇室典範をおおむね踏襲し、戦後も半世紀以上にわたり維持されてきた。

ようやく今世紀を迎え、皇室典範の矛盾は皇位継承問題などとして議論されるようになったが、いまだ法改正に向けた見通しは立っていない。

古くは飛鳥《あすか》時代から江戸時代まで、わが国史上には一〇代八人の女帝が在位した（一四一頁の表を参照）。しかし明治以降今日に至るまで、皇室典範は皇位継承資格を男系男子に限定し、いまだ安定的皇位継承に向けた道筋はつけられていない。また、古代より近世まで長らく認められてきた譲位の慣行は明治皇室典範において否定された。戦後、現行皇室典範もこれを引き継ぎ、終身在位制は比較的最近まで維持されてきたのである。

明治憲法（大日本帝国憲法）により、「皇位ハ皇室典範ノ定ムル所ニ依《よ》リ皇男子孫《こうだんしそん》之《これ》ヲ継承ス」と定められた。ここにいう「皇男子孫」とは、男系の男子のことであり、非嫡出子も含まれていた。男系男子に加え退位を認めない皇位継承ルールの変更は、伊藤博文《いとうひろぶみ》の強力な政治指導の下に、一八八七（明治二〇）年の高輪《たかなわ》会議で決定された。その歴史的経緯や政治的背景については第一章で詳しく述べたい。

しかしこれはあくまで政権中枢での決定であった。明治典範が起草された明治の前半においても、依然として官民双方に女帝容認を唱える意見が多く聞かれた。政府系新聞の記者として知られる福地源一郎《ふくちげんいちろう》は、多くの女帝誕生の歴史をふまえ、積極的に女帝容認論を展開した。民間の私擬憲法《しぎけんぽう》の多くも、女帝容認の立場をとっていた。

こうして一八八五（明治一八）年末に宮内省が立案したとされる皇室法草案「皇室制規《こうしつせいき》」には、「皇族中男系絶ユルトキハ皇族中女系ヲ以《もっ》テ継承ス」と女系拡大論が説かれていた。もっともこれに対し、井上毅《いのうえこわし》は翌八六年に「謹具意見《きんぐいけん》」を提出し、女帝容認論を一蹴《いっしゅう》した。

そのため、つづく典範の草案、「帝室典則《ていしつてんそく》」以降、女帝容認論は姿を消した。

井上によれば、民権派の中にも女帝容認に批判的な意見は珍しくなかった。井上も注目した論客の島田三郎《しまださぶろう》は、日本の女帝制には中継ぎとしての役割が期待されたのであり、西欧の女帝制とは本質的に異なるとしたのである。また島田は、女帝に一生独身を貫かせるというのは情理に反するが、皇婿《こうせい》（女性皇族の配偶者）を求めるとなると、人臣たる「女帝の夫」の存在はどうもわが国古来の夫婦観念になじまないとする。

井上がいうように、歴史上即位した女帝はいわば代理者の地位であって、一時の執政にすぎない。女系の天皇というのは、皇族女子が婚姻によりもうけた皇子女によって皇位が継承されることを意味する。女系天皇については、女帝の生んだ皇子女が夫の姓をつぎ、皇統が他に移ると認識されかねなかった。

このように、「謹具意見」に民権派の島田らの言説を引用した井上も、とりわけこの皇婿の問題に重大な関心を寄せた。いつの時代にも保守派により女系継承が警戒されるのは、まさに皇婿の問題がついて回るからにほかならない。近時も、政府の有識者会議が提示した選択肢に対して、自民党が婚姻後も皇族女子が皇室に残ることを認めながら、配偶者が皇族になることを認めないのは、そのためである。

明治皇室典範の起草に際して重要な皇位継承をめぐる論点とされたのは、皇位継承資格のほかに譲位の可否があった。実際の典範起草作業にあたった井上毅や柳原前光《やなぎわらさきみつ》が譲位を規定すべきとしたのに対し、ときの最高権力者である伊藤博文がこれに強く反対したため、譲位の制度化は見送られた。

伊藤が皇室典範の注釈書としてまとめた『皇室典範義解《こうしつてんぱんぎげ》』には、皇極天皇《こうぎょくてんのう》（七世紀に在位した女帝）に始まる「女帝仮摂《かせつ》」の慣行である譲位を、神武天皇《じんむてんのう》から舒明天皇《じょめいてんのう》まで三四世つづいた終身在位の「恒典《こうてん》」（不変の規則）により改めた、との解釈が記された。

戦後、現行皇室典範の起草過程においても、政府関係者や専門家により退位の可否が議論された。制度上、天皇が退位を欲した場合は摂政《せっしょう》設置をもって代えるとされた。皇室典範の実質的な起草にあたった臨時法制調査会第一部会では、宮沢俊義《みやざわとしよし》ら憲法学者や法制局関係者により、退位制度を設けるべきとの見解が表明された。

一方、天皇側近や宮内省は、退位規定を設けることに反対した。同部会に参加していた宮内官僚の高尾亮一《たかおりょういち》が著書『皇室典範の制定経過』に記したように、退位の問題は昭和天皇《しょうわてんのう》の戦争責任と密接に関連していたからにほかならない。宮内省は、昭和天皇が戦争責任を負って退位することだけは避けたかったのである。

ＧＨＱ（連合国最高司令官総司令部）は憲法とは異なり、皇室典範の起草については日本の主体性を認めていた。よってＧＨＱは、憲法が規定する象徴天皇制との関連においてまず、皇室典範の起草に関心を寄せたのである。

ＧＨＱ民政局のサイラス・ピーク博士は、日本の歴史上に女帝は存在したが、女系は存在しなかったことに理解を示した。またピークは天皇の国政関与に結びつきかねない退位についても関心を寄せ、退位の制度化が昭和天皇に及ぼす影響にも言及した。

このように、皇室典範はその時々の政治的事情を反映して、様々な矛盾を抱え込み、戦後も長きにわたり見直されることなく、今日に至っている。しかし幸い今世紀に入り、小泉《こいずみ》純一郎《じゅんいちろう》内閣の下で皇室典範の本格的検討が進められた。

二〇〇五年一一月二四日、小泉首相の私的諮問機関である「皇室典範に関する有識者会議」が提出した報告書には、「男系による継承を貫こうとすることは、最も基本的な伝統としての世襲そのものを危うくする結果をもたらす」とある。

これはもちろん、「皇位は、世襲のもの」とする憲法第二条の規定を尊重しており、世襲（親から子へ、子から孫へと受け継いでいくこと）を守るために、女性・女系天皇を認めたということになろう。男系か女系か、いずれが重要かということではなく、世襲こそが重要なのである。歴史を振り返れば、世襲王権は遠く継体《けいたい》・欽明《きんめい》（いずれも六世紀に在位した天皇）とその子らにより、たゆまぬ血統と婚姻の尊重の積み重ねのうえに成立した。

我々はやはり、二〇〇五年の原点に立ち返って議論を再開すべきであろう。

目次

皇室の構成

（二〇二四年一二月現在。四角囲みは崩御・薨去された方）

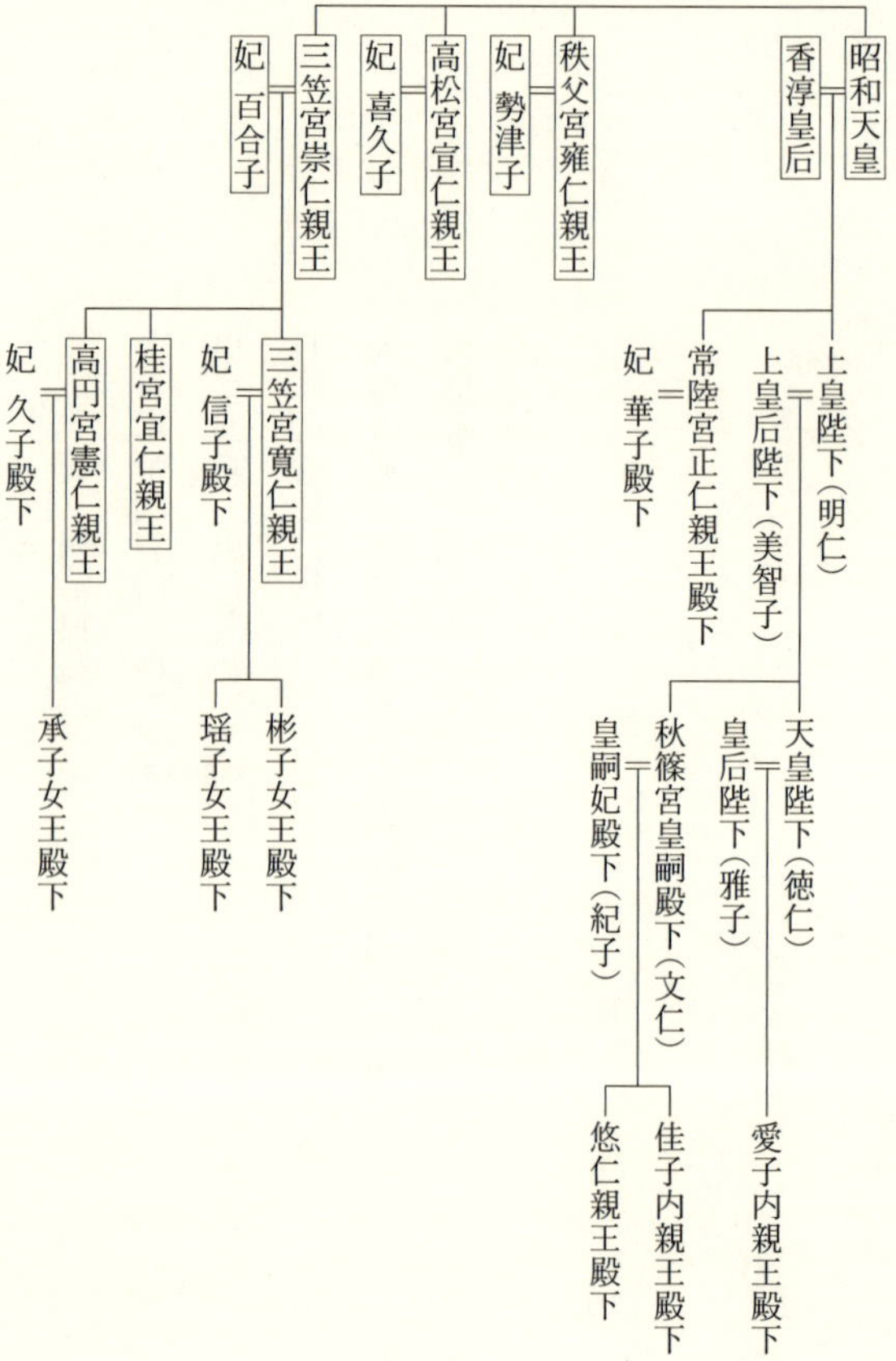

皇室典範

第一章　明治皇室典範の起草をめぐる攻防

一、伊藤・シュタイン「邂逅」と柳原前光

明治二〇年(一八八七)三月、高輪《たかなわ》会議に集った伊藤博文《いとうひろぶみ》、井上毅《いのうえこわし》、柳原前光《やなぎわらさきみつ》、伊東巳代治《いとうみよじ》らによりわが国初の成文法たる皇室典範の大綱が定められた。公家《くげ》出身である柳原の妹、愛子《なるこ》は明治天皇《めいじてんのう》の側室となり、のちの大正天皇《たいしょうてんのう》である嘉仁親王《よしひとしんのう》を生んだ。よって、柳原は嘉仁の伯父《おじ》ということになる。

これに先立つ明治九年(一八七六)九月、柳原は元老院《げんろういん》議官として国憲取調委員を命じられ、皇室法を含む「国憲按《こっけんあん》」の調査立案にあたった。柳原は元老院議官時代に、同じ保守派で宮中勢力の頭目でもあった佐佐木高行《ささきたかゆき》と親交を深めた。「国憲按」第二次草案の起草中であった明治一一年七月末、柳原が佐佐木に送った書簡からは、同草案を佐佐木に内閲させたことが知られる(佐佐木高行『保古飛呂比《ほごひろい》』)。

その後、柳原は明治一三年(一八八〇)三月、駐露公使としてサンクトペテルブルクに赴任した。柳原が佐佐木に宛てた同年四月一日付の書簡には、「帝室の部抄訳」などを同封するので、将来日本の帝室法を策定するうえで参考にするようしたためられていた。書簡は侍《じ》

補《ほ》（常時天皇の側近にあって補佐する職）の吉井友実《よしいともざね》にも宛てられており、柳原が宮中派にロシアなどの帝室制度に関する調査書類を提供していたことがわかる。

柳原は早くから折にふれ、右大臣岩倉具視《いわくらともみ》にロシアなどの帝室制度の調査について報告し、日本において皇室制度を構築するよう促していた。こうした動きを仔細《しさい》にみてゆくと、柳原が皇室法を起草し皇室制度を整備するために、率先して保守派の間を奔走し、いわば触媒としての役割を果たそうとしていたことがわかる。元老院議官や駐露公使を歴任した明治一〇年代前半に、柳原は一貫して独自の皇室制度構想を温めていたとみられる。

伊藤博文　国立国会図書館「近代日本人の肖像」より

柳原は保守勢力の頭目である岩倉の意向に従いつつも、はるかに熱心に「天皇親政」の実質化に挺身《ていしん》する佐佐木を高く評価し、皇室制度の設計への参画を期待していた。柳原は元老院を政治的拠点としつつも、多くの保守派とは異なり、思想的にはかなり柔軟で幅広い視野を有していた。それゆえ柳原は、板垣退助《いたがきたいすけ》や中島信行《なかじまのぶゆき》ら民権派と同様に、皇室制度には天皇・皇室に対する民衆の支持が不可欠であるとの視点を保持していた。

柳原と同じ公家出身でも、権力志向が強く藩閥政府の中枢にあった岩倉にとって、天皇はあくまで「玉《ぎょく》」（政争の具としての天皇の別称）であり、「天皇親政」も所詮《しょせん》はお題目に過ぎなかった。それは岩倉が、佐佐木ら侍補による天皇親政運動に対して、少なからぬ懸念と強い不信感を抱いていたことからも明白であろう（拙著『天皇親政』）。

これとは対照的に、佐佐木は青年天皇の君徳培養に熱心で、天皇の厚い信頼を得ていた。佐佐木はつねに郷里高知の民権派の動向を注視し、ときには帰郷して政情をつぶさに視察し、天皇に上奏して地方民情の安定を強く訴えた。佐佐木は明治一〇年（一八七七）に侍補として宮中入りしてからも、郷土の同志らとの情報交換に余念がなく、地方の民情安定に並々ならぬ熱意を寄せた。柳原は岩倉、佐佐木の双方と交流しながら、同じ保守派といっても両者の政治的立場の違いをはっきりと認識していた（拙著『明治国家と官僚制』）。

さて、少し時代は下るが、明治一五年（一八八二）八月二〇日付の佐佐木宛の書簡で、駐露公使であった柳原は、今般ウィーンで憲法調査のため渡欧してきた伊藤や岩倉具定《ともさだ》（岩倉具視の次男）に面会し、十分に話し合いお膳立《ぜんだて》に奔走したと述べている。柳原は伊藤に対して、帝室の基礎制度をロシアに採り、その「仁愛君民親睦《しんぼく》ノ活機《かっき》（君民友交の契機）」をオーストリアに採るという持論を展開した（『保古飛呂比』）。

駐露公使として赴任して以来、柳原は欧州各国の帝室制度を熱心に調査、検討し、熟慮の末、自信をもって伊藤にそう提言したとみられる。天皇・皇室の重要な役割を民情の安定にありと確信した柳原は、ウィーンに到着した伊藤に「帝室の仁恩徳義《じんおんとくぎ》」の重要性を熱心に説いた（拙著『天皇・皇室制度の研究』）。

これに加えて重要な柳原の貢献は、ウィーンにおける伊藤とローレンツ・フォン・シュタインとの「邂逅《かいこう》」を首尾よく実現したことであろう。この歴史的「邂逅」こそ、柳原駐露公使や在墺《ざいおう》公使館関係者による綿密な「膳立」が奏功した結果にほかならなかった。同時に、福沢諭吉《ふくざわゆきち》が二人の出会いを内在的に橋渡ししたことも忘れてはならない。福沢はすでにシュタインと交流があり、立憲政体についても共通の認識を有していたとみられる（早川瑛「ローレンツ・フォン・シュタインに宛てた福沢諭吉の書簡について」）。

柳原前光

明治一五年（一八八二）六月二日付の時事新報（福沢が創刊した日刊紙）にも掲載された福沢宛《あて》シュタイン書簡からは、シュタインが福沢の著書『時事小言《じじしょうげん》』について日本の政体を改良するうえで大切であると高く評価したこととともに、井田《いだ》譲《ゆずる》駐墺公使らがシュタインと福沢との仲介の労をとっていたことがうかがえる。こうした交流を

井上毅　国立国会図書館「近代日本人の肖像」より

通じて、シュタインは日本の法律や歴史、政体に関する理解を深め、さらに日本への関心と親近感を抱くようになった。

しかし伊藤が渡欧したこの年、福沢が時事新報に連載した「帝室論」は、井上毅をいたく刺激せずにはおかなかった。井上は「帝室論」について、政府と帝室とを区別する「僻説《へきせつ》」（道理に合わない意見）に陥り、日本固有の「宮《きゅう》府《ふ》一体《いったい》之《の》制《せい》」（宮中と府中〔政府〕は一体であるという伝統）を破壊することを警戒した。福沢のいう君臨すれども統治しない英国流立憲君主制が政府内に流布することを井上はひどく警戒した。よって井上は同年四月、欧州歴訪中の伊藤に書簡を宛て、福沢の「帝室論」に警鐘を鳴らした（小川原正道『福澤諭吉の政治思想』）。

出発に先立ち、井上は伊藤の憲法調査がドイツを中心とするよう縛《しば》りをかけた。そのため井上は、岩倉の名で伊藤に漸進《ぜんしん》主義を全うする「綱領」を提示した。憲法の基本方針についても、井上は「帝室之継嗣法《けいしほう》」を祖宗《そそう》（歴代天皇）以来の模範に従い、新たに憲法に記載する必要はないと釘《くぎ》を刺した（『井上毅傳』）。

さて、前述のように、伊藤とシュタインとの「邂逅」がスムーズに実現した背景には、柳原と井田駐墺公使やその配下にあった在墺公使館外務書記生、渡邊廉吉《わたなべれんきち》らの周到な連携があった。明治一三年（一八八〇）七月にウィーンに着任した渡邊は、公使館での執務のかたわら、堪能なドイツ語を活《い》かしてウィーン大学で国家学の泰斗であるシュタイン教授の指導を進んで受けた。

明治一五年（一八八二）三月、伊藤は勅旨《ちょくし》（天皇の命）により憲法と皇室典範を調査・研究するため渡欧し、同年八月にオーストリア入りした。渡邊はウィーンで伊藤を接遇し、伊藤が現地の日本公使館内に止宿したので、誠実に何かと伊藤のために助力した。渡邊はまた、伊藤とシュタイン教授との通訳のみならず、憲法、皇室典範の内容に及んで説明の労をとり伊藤のために斡旋《あっせん》するなど、重要な橋渡し役を果たした（『渡邊廉吉傳』）。

加えて渡邊は、欧州における帝室制度の調査に深くかかわった岩倉具定や柳原らと緊密に連絡を取り合った。当時、伊藤の随員中に加わっていた岩倉の任務はオーストリアの帝室制度を取り調べることにあったので、渡邊はその材料を取《と》り揃《そろ》えて仕事を助けた。柳原も進んで渡邊と連携しながら、伊藤、岩倉と意思疎通を図っていた。渡邊の熱意もさることながら、柳原がオーストリアの帝室制度を重視していたことが伊藤らの調査を後押しした。

シュタインは伊藤の憲法構想に絶大な影響を与えたとされる。伊藤はシュタインにぞっこん惚《ほ》れ込《こ》み、わが国憲法の基本構想をシュタインの学説に依拠して練り上げようとしたとさえいわれる。もしそれが事実なら、明治一五年（一八八二）八月にウィーンにおいて実現した伊藤とシュタインとの「邂逅」の意義は実に大きかったといわねばならない。

伊藤が欧州での憲法調査から帰国後、明治憲法の起草作業は着実に進んだ。そのためであろうか、伊藤ら一行の憲法調査が実際以上に精力的かつ生産的に進行したかのような印象を抱きがちである。したがって、帰国後の伊藤は「立憲カリスマ」とすら呼ばれた。瀧井一博氏の研究により、こうした傾向に改めて実証的検討が加えられ、伊藤の欧州における実際の軌跡が捉《とら》え直《なお》された。結果として、それが極めて紆余《うよ》曲折《きょくせつ》に富んだものだったことが明らかになってきたのである（瀧井『ドイツ国家学と明治国制』）。

ベルリンで面会した法学者ルドルフ・フォン・グナイストは伊藤ら一行に冷淡であったし、その弟子のアルベルト・モッセの講義は何とも無味乾燥な内容であった。残念ながら、伊藤にとってベルリンでの生活はとても充実していたとはいい難かった。伊藤にしてみれば、法律の逐条解釈からは、血となり肉となるような収穫を得ることは困難であった。一行の中には意欲を喪失する者も現れ、伊藤の周囲にはいつしか沈鬱《ちんうつ》な空気が漂うようになっていた。しかしこれが八月を迎え、一行がウィーンに入るや否や、伊藤らを取り巻く空気は一変したのである。

伊藤は明治一五年（一八八二）八月八日、オーストリアの首都ウィーンに着くと、その日のうちにシュタインに会った。伊藤の憲法的信念の飛躍は、この初対面から始まっていた。シュタインはベルリンでのドイツ語による講義に難渋していた伊藤に配慮して、伊藤の得意な英語により談話することで安堵《あんど》させたのである（清水伸『明治憲法制定史』）。

シュタインは若い頃《ころ》、新聞記者の経験があり、視野は広く、学問の裾野《すその》も広範にわたっていた。また、その人となりも明朗闊達《かったつ》で、社交的な性格であった。その話は、大変明快で、多くの理解者を得て親しみやすかった。よってシュタインは、伊藤の訪問の目的を直ちにつかむとともに、そこに焦点を合わせて意見を展開した。それは伊藤の悩んでいた問題点を立ちどころに解明するのに役立ち、伊藤をして快哉《かいさい》を叫ばしめずにはおかなかったであろう。清水伸氏の巧みな描写は、当時の情景を彷彿《ほうふつ》とさせ、実に示唆《しさ》に富んでいる（清水前掲書）。

こうした両者の出会いを実現するうえで重要な役割を果たしたのは、柳原ら在欧外交官らにほかならなかった。柳原らは、シュタインの学問的卓越性や人物的魅力だけではなく、オーストリアの国制への理解に大きな期待を抱いていた。とりわけ柳原は、わが国皇室制度のモデルを「仁愛君民親睦ノ活機」たりうるオーストリアの帝室制度に求めていた。シュタインとの会合に先立ち、柳原は「上下和睦ノ為《た》メ、君民対遇ノ方法活機ヲ考究スル（君権・民権双方の親睦を進め、社会の分断を解消する）」という比較的穏当な持論を伊藤に吹き込み、賛同を得たとされる（『保古飛呂比』）。

これに加え、柳原はウィーンの渡邊とも緊密な連携をとった。伊藤の随員中、西園寺公望《さいおんじきんもち》も帝室に関する案件の調査にあたり、柳原にも協議、尽力するよう宮内卿《くないきょう》の徳大寺実則《とくだいじさねのり》(西園寺公望の兄)から勅旨が達せられた。柳原が急遽《きゅうきょ》ベルリンに向かった経緯などが、伊藤や西園寺の意向とともに渡邊に速やかに伝えられた。そこからは、徳大寺と西園寺の間の連携がみてとれるほか、岩倉や佐佐木が柳原の熱心な帝室制度調査を知って、西園寺や岩倉具定にそのことを事前に吹き込んだ可能性が想定される。いずれにせよ、柳原のレクチャーには政府側からの公的要請もあった。

こうした柳原、井田、渡邊らによる「膳立」の全体像をわかりやすく整理したものに、枌《まつ》居宏枝《いひろえ》氏の明快な論考がある。同氏が指摘するように、シュタインは明治一四年(一八八一)一〇月に墺国公使館顧問に雇用され、同年一二月には井田公使が井上馨《いのうえかおる》外務卿にシュタインの日本招聘《しょうへい》を発議した。前年の欧州赴任に際して、柳原、井田、渡邊の三人はその往路、横浜から香港《ホンコン》まで同じ船に乗り合わせた。これを機に、三人は互いに緊密な連携を取りながら「邂逅」の「膳立」に傾注した(枌居「ローレンツ・フォン・シュタインをめぐる在欧外交官の動静」)。

ロシアとオーストリアをモデルとした柳原の皇室制度構想だけでなく、「英米仏ノ民権共和自由論」をシュタインの国家学により「破却」すべきという井田の進言にも、伊藤は理解を示した。柳原や井田の提言には、皇室の議会や内閣からの独立、急進的な民権論により分断されかねない社会の皇室による一体化が盛り込まれていた（『渡邊廉吉日記』）。

しかし、柳原らの欧州における帝室制度調査の成果が伊藤によるその後の制度設計に与えた影響は思いのほか限定的であった。高輪会議の議事内容をみれば明らかなように、柳原案の多くが伊藤によって採用されたわけではなかった。こうした評価は、高輪会議における「皇室典範初稿（柳原再稿）」の逐条的検討の結果、実証されている（島善高『近代皇室制度の形成』、長井純市「柳原前光と明治国家形成」）。

伊藤が柳原案をあまり重視しなかった理由として、柳原案の特徴である皇室の歴史性と元老院の役割に対する過度の強調が挙げられるが、むしろ重要なのは明治一六年（一八八三）七月の岩倉の死であろう（長井前掲論文）。岩倉が他界したことで、伊藤にとっては柳原を通じた岩倉への忖度《そんたく》はもちろんのこと、「古制の良《りょう》」の尊重や宮中への入口とされた元老院の重視も、もはや政治的価値を失い、大きな意味をもたなくなった。

柳原の皇室典範起草への参画とその影響については、伊藤が出色の出来栄えと高く評価した柳原の「帝室法則綱要」などを中心に、三条実美《さんじょうさねとみ》ら宮中の保守勢力への伊藤の対応を踏まえて、次節以下でより詳しく取り上げたい（拙著『天皇・皇室制度の研究』）。

かつて西郷隆盛《さいごうたかもり》、大久保利通《おおくぼとしみち》、木戸孝允《きどたかよし》ら維新の三傑は、「天皇親政」を具体化するため熱心に君徳輔導《ほどう》に努め、天皇の厚い信頼を獲得した。果たして明治一〇年（一八七七）八月、宮中に侍補職が設置された。しかしこれとは対照的に、大久保没後体制を支えた岩倉や伊藤は、侍補らを「君側《くんそく》の奸《かん》」と呼び、天皇親政運動に冷淡かつ批判的であった。

侍補らの天皇親政運動により、天皇は政治的に覚醒《かくせい》し、佐佐木ら侍補グループの政治的要求も目にみえて積極化した。しかし、とりわけ岩倉を宮中派に位置づけることには慎重であるべきであり、これまで多くの研究者が指摘したような「宮中の政治化」もやはり一時的現象であり、過大評価すべきではなかろう（伊藤之雄『伊藤博文』、坂本一登『伊藤博文と明治国家形成』、拙著『天皇親政』）。

明治十四年政変（大隈重信《おおくましげのぶ》や大隈派官僚らの政府追放事件）に先立ち、伊藤が提出した立憲政体意見書には、「朝野《ちょうや》の疎隔《そかく》」への懸念が記されていた。西南戦争《せいなんせんそう》の終結に大久保の暗殺が続き、宮中で侍補らの天皇親政運動が台頭、在野では民権運動が急速な高まりをみせた。藩閥政府による専制への批判は、宮中派と民権派双方から提起され、両者の連携は政府主流派にとって大きな脅威となった。民権論の高揚は世論を痛く刺激せずにおかなかった。伊藤は、こうした政治諸勢力の台頭による政府と世論の乖離《かいり》、すなわち「朝野の疎隔」を強く警戒した。

民権派の多くが新聞発行など多様な言論活動を活発化させ、海外から急進的思想が流入した。政府も警戒を強め、言論への干渉も辞さなかった。たとえば静岡県下では、演説会活動を主体とする参同社《さんどうしゃ》のような政治結社が次々と発足し、徐々に府県会にも有力議員を送り込むようになった。こうした各地の民権結社は、明治一三年（一八八〇）三月に国会期成同盟が成立すると、これに同調し「国家ノ憲法ヲ改定セント欲《ほっ》セバ、必ラズ先《ま》ヅ国会ヲ興起セザル可《べ》カラザルナリ（国憲を改定しようとすれば、まずは国会開設が求められる）」として同年末、元老院に国会開設建白書が提出された。

政府内でも早期の国会開設を唱える声が上がっていた。国会論は財政論とリンクする形で議論されるようになった。伊藤に近い井上馨は、新政府の殖産興業政策は総じて失敗したとの認識に立って、西南戦争後の経済の混乱に伴う歳入欠陥の深刻化に憂慮の念を示した。もはや政府が予算を編成できない事態にあっては、速やかに国会を開設して世論の動向を注視する必要があった。そこで井上は、国会の早期開設論を唱えたのである。

伊藤や井上により問題視された政府と世論との乖離は、しだいに政府内において共通認識となっていった。伊藤は、新政府により種々の既得権を奪われた士族層が傘下《さんか》に民衆を集め言論を通じて団結した結果、「朝野の疎隔」が生まれたとみた。それがひいては「王化（天皇の徳治）の妨げ」になると伊藤は考えた。さらに伊藤は、「欧州ノ文物」や「政体ノ新説」が流入し、全国に蔓延《まんえん》するのを防ぐことはもはや難しいとの認識を示した。

欧州で対面した伊藤に対して、欧州各国の帝室制度を調査してきた柳原は、皇室と国民の相互関係としてオーストリアの例が妙案として、日本の皇室制度の設計に役立つ旨を説明した。「朝野の疎隔」、すなわち社会の分断を深く憂慮していた伊藤には、こうした柳原の助言を受け入れる素地がなかったわけではない。もちろんこうした柳原の見解は、福沢が唱えた「官民調和」にも通じる考え方であった。

福沢は後年回顧して、「分権論」、「民権論」、「国会論」に加えて、「『時事小言』の如《ごと》きは、官民調和の必要を根本にして間接直接に綴《つづ》りたるものなり」と論じた。福沢の『時事小言』は、明治十四年政変とおよそ同じ頃に公刊された。その後まもなく、横浜で発行されていた英字新聞「ジャパン・ウィークリー・メール」に『時事小言』の紹介記事が掲載された。するとこの連載記事が、たまたまシュタインの目にとまったのである。

シュタインは『時事小言』の内容にいたく共感し、直ちに福沢に宛てて筆を執った。いうまでもなく、「官民調和」は福沢の政治論の基調であった。しかもそれは「国会論」の続編ともいうべき論説であり、過剰な「民権自由の論」に対する批判にほかならなかった。柳原がいうように、オーストリアの帝室制度の特長が「仁愛君民親睦ノ活機」にあることなども考えあわせれば、議会にも帝室にも求められた役割は、「官民調和」への牽引《けんいん》にほかならなかった。これこそ、シュタインが福沢の『時事小言』に感銘を受けた所以《ゆえん》であろう。

一方、井上毅も伊藤の動きを注視し、明治一五年（一八八二）夏、すかさず渡欧先に書簡を送った。伊藤宛の書簡において、井上は福沢らが憲法や外交上の目的が一致しないのに、官民調和論を主張することの無謀さを戒めた。

伊藤が立憲政体意見書に元老院改革と会計検査院の創設を掲げたのは、宮中派と民権派への政治的配慮であり、井上毅もそれを承知していた。明治十四年政変の前後には、大隈ら急進的民権派への警戒感は、岩倉ら主流派にも中正党《ちゅうせいとう》など保守派にも共有されていた。

大隈らに与《くみ》した福沢の存在は井上にとって実に気がかりで、井上は直ちに福沢の「官民調和」を批判する書簡をわざわざ欧州歴訪中の伊藤に宛てたのである。福沢の言論は岩倉を惹《ひ》きつけるなど、井上を不安に陥れるに十分な威力を備えていた。シュタインとて例外ではなかった。

二、伊藤の体制刷新と柳原の失速

皇室典範の原型が最初に形作られたのは、明治九年（一八七六）に元老院で起草された「国憲按」第一次草案であった。その前年、漸次立憲政体樹立の詔《みことのり》が発せられ、明治天皇は元老院議長、有栖川宮熾仁親王《ありすがわのみやたるひとしんのう》に対して、国憲制定の勅語を下した。これを受けて、柳原前光ら国憲取調委員が任命され、当初の段階から皇位継承に関する事項が盛り込まれ、逐次「国憲按」草案が起草された。

皇位継承の規定をめぐる起草作業は思いのほか難航し、紆余曲折を経てようやく進展した。第一次草案で採用された女帝制は明治一一年（一八七八）の第二次草案でいったん姿を消し、明治一三年の第三次草案で再び復活した。第二次草案で女帝が否認されたのは、元老院権少書記官《ごんしょうしょきかん》の島田三郎《しまださぶろう》による反対が影響したという。このとき、柳原は佐佐木高行ら侍補を通じて、宮中の意向も打診していた。第三次草案では、どうしても後嗣《こうし》（跡継ぎ）がいない場合は、「女統《じょとう》入リテ嗣《つ》クコトヲ得《う》（女系で継ぐことができる）」とした。しかし、「国憲按」は「国体人情」が顧慮されていないとして、成案を得るに至らなかった（小林宏・島善高編著『日本立法資料全集16　明治皇室典範（上）』）。

これとは別に、岩倉具視は宮内省が中心となって皇室法を制定すべきであるとの考えを打ち出した。岩倉は、宮中の規則で憲法に関係のないものは元来、皇室の私事であるとして、国政に携わる官吏ではなく、国法や宮務法などに明るい者に起草を委《ゆだ》ねようとした。岩倉はまた、在野民権派の伸長に対抗するため、国体を重視して皇室法の起草を急務とした。皇室の部を国憲の部とは別立てとし、元老院幹事の柳原が立案を担当、修正した原案を岩倉経由で宮内省に回付した。皇室法のあり方をめぐる両者の見解はおおむね一致しており、とりわけ重要な皇室法を憲法から分離するという点でも大きな違いはなかった（島『近代皇室制度の形成』）。

明治一五年（一八八二）一二月には、宮内省内に内規取調局が設置され、岩倉が総裁に就任した。その背景としては当時、駐露公使であった柳原が、岩倉に皇室法の起草を強く働きかけていたという事情があった。前述のように、伊藤博文ら一行が憲法調査のため渡欧し、ウィーンで伊藤とシュタインの思いがけない出会いが実現したのは、この年八月のことであった。

「邂逅」の実現に一役買った柳原は、同年一〇月一九日付の岩倉宛書簡において、伊藤一行がウィーン滞在中に面会したとし、これを踏まえ、伊藤の帰朝後は必ず政府に議論が巻き起こり、皇室制度をめぐっても紛糾《ふんきゅう》するとして、警戒を促した。

この書簡からも、柳原の政治的立場が伊藤よりもはるかに岩倉に近いことが再確認できよう。維新からわずか一五年、岩倉が幕末から親密な関係を維持してきた薩摩《さつま》出身の亡き大久保利通と比べれば、長州《ちょうしゅう》出身の伊藤との間には明らかに隔たりがあった。宮中への接近という点でも、岩倉と伊藤が互いに競合関係にあったことを柳原は知悉《ちしつ》していた（坂本『伊藤博文と明治国家形成』）。

いかに思想的に柔軟であったとはいえ、柳原もわが国の皇室制度を構想するにあたっては、あくまで岩倉をはじめ宮中や元老院などの保守派の立場から取り組んでいたことはまちがいない。柳原は伊藤に対し努めて慎重に、ロシアとオーストリアの帝室制度を参考にするよう勧めた。オーストリアの帝室は多文化社会に調和をもたらしてきた歴史をもち、伊藤が懸念する「朝野の疎隔」を緩和するためにも有益と柳原は考えた。

伊藤が柳原の提案に同意したというのも、互いの立場の違いを念頭に置き、親密な関係にある井上馨外務卿配下の一外交官の話として受け止めていたということであろう。日本政府の代表として伊藤がこれからウィーンでより深く同国の制度を学ぼうというのであるから、情報収集にあたる在外公館の公使たる柳原へのそうした姿勢は当然ともいえる。もちろん柳原の背後に岩倉の存在を意識しての言動であったとはいえ、伊藤は柳原の見解を保守派の一つの有力な理論として傾聴した。

数年の後、伊藤は高輪会議に臨み、井上毅のほかに保守派を代表する論客としてとりわけ優秀な柳原を選び、会議への参加を求めた。事前に柳原案の修正を試みた井上が高輪会議の席上、柳原をいわば「被告ノ地位」に置いて柳原再稿の逐条審議に入った。いうなれば、それは裁判における口頭弁論を虚心坦懐《きょしんたんかい》に聴くという譬《たと》えであろう（伊東巳代治「皇室典範・皇族令草案談話要録」など）。草案の完成度を高めるべく、三人は三者三様に懸命に取り組んだといえよう。

審議の詳細とその背景については後述するが、結果として天皇の譲位制は採用されず、皇位の尊号は天皇に統一された。これに加え、皇族財産の詳細や皇族位次《いじ》（序列）の項目も削除されることになった。当初、全一一九条で提出された柳原再稿は会議を経て、七〇条にまで大幅に縮小されたのである（小林・島『明治皇室典範（上）』）。

譲位制には古代から近世までの長い歴史があり、井上も「尤《もっと》モ美事《みごと》ナリ」と賛成に回った。しかし譲位制は、伊藤の強い反対に遭《あ》って結局は否決され、終身在位制が六四五年以来一二世紀ぶりに復活した。譲位の否認とは、皇位継承に天皇の自由意思が働かないことを意味し、それは重大な修正点であった。このように、柳原案の採択率は思いのほか低い水準にとどまったのである。

これ以降も伊藤の指示により、柳原は皇室典範の起草に携わった。伊藤は柳原の能力を高く買っていた。しかし欧州での憲法調査において、皇室制度に関する柳原の度重なる進言が伊藤に与えた影響を過大評価するわけにはゆかない。柳原も参加した高輪会議において、皇室典範の大綱が固まったことを考え合わせれば、なおさらであろう。

周知の通り、これに先立つ伊藤の巧みな宮中改革、明治一八年（一八八五）一二月の内閣制度の創設によって、伊藤の主導下に立憲君主制への道が開かれた。皇室典範の起草に焦点を合わせれば、高輪会議における柳原の失速は、保守派の政治的敗北と「宮中と府中の別」

への明確な第一歩を意味していた。以下、その原因と背景について考えてみたい。

立憲君主制樹立に向け伊藤が主導権を握るには、まず思い切った体制刷新によって、伊藤が内閣職権に裏打ちされた強大な権限を有する首相となることが不可欠であった。伊藤の憲法調査により生まれた「立憲カリスマ」とも呼ばれる政治的威信に加え、それを支える強力な権力基盤が必要とされた。

伊藤は、皇室典範と憲法による同等で相互に不干渉な法体系である「明治典憲体制」を志向しつつも、依然として政治体制は十分に確立していなかった。皇室典範を起草するには、その前提として大胆な宮中改革が焦眉《しょうび》の急であった。その矢先、政府に激震が走った。明治一六年（一八八三）七月の岩倉の急逝である。宮中に絶大な影響力を有する岩倉の死は、伊藤が宮中に政治介入する千歳一遇のチャンスを生み出した。

伊藤はすぐさま宮内卿に触手を伸ばそうとした。だが、いかんせん伊藤の「西洋好きには困却」といって憚《はばか》らない天皇をはじめ宮中関係者らは、外遊でいよいよ西洋かぶれに拍車のかかった伊藤の宮中介入をひたすら恐れた。伊藤はやむなく井上馨らと当面、佐佐木・元田《もとだ》永孚《ながざね》ら宮中派への入説を繰り返した。明治一四年（一八八一）秋の中正党運動の頃とは異なり、元老院改革の比重は低下し、宮中派の伊藤に対する評価もかなり好転していた。

むしろこのとき、宮中派が最も懸念していたのは、宮内省の政治的弱体化であった。確かに伊藤の宮内卿就任は参議《さんぎ》との兼任にほかならず、「宮中と府中の別」に反していた。しかし伊藤らの尽力もあり、親裁体制の整備や天皇の政治的成長により「天皇親政」の面でも一定の前進が認められた。宮中派は伊藤の手腕を見直すようになった。ために天皇の叡慮《えいりょ》によって、宮内省に制度取調局が設置され、同長官に伊藤が就任。さらに思《おぼ》し召《め》しによって、伊藤の宮内卿兼任が実現した。

こうして伊藤は念願の宮中参入を果たし、矢継ぎ早に宮中の諸制度を改革した。伊藤は天皇をはじめ元田ら宮中派と粘り強く交渉し、丁寧に調整を重ねて奥向きの空間に巧みにメスを入れた。

何といっても重要なのは、皇室の自律性を確保するべく、皇室財産制度の見直しを進めたことであろう。皇室財産を国有財産から巧みに切り離すことになり、高い自律性がめざされた。これにより一層、「宮中と府中の別」が追求されたのである（川田敬一『近代日本の国家形成と皇室制度』）。

もちろん伊藤には別の政治的ねらいもあった。伊藤は大胆な宮中改革を断行するため、宮中を財政面から統制し、宮中に対する政治的影響力を強化しようとした。これに先立ち、伊藤はその前提として年来の持論である華族制度の改革を難航の末、ようやく実現したのである。

佐佐木の日記によれば、すでに明治十四年政変の直後、伊藤は佐佐木に「元老院ノ改革ノ基礎ハ、爵位ヲ定ムルニアリ」（『保古飛呂比』）と語っていた。しかも伊藤は、授爵にあたって宮中関係者を厚遇するといった細やかにしてしたたかな配慮を加えた。それにより、宮中派の心証は好転し、宮中改革も円滑に進んだ。華族令決裁の最終段階で取り交わされた同年六月三〇日付の伊藤・元田間の往復書簡には、伊藤が元田の身体を気遣い、「御賛成蒙《こうむ》りたく候《そうろう》」とこの上なく丁重な懇請の言葉がしたためられていた。

その結果、同年七月一〇日付の副島種臣《そえじまたねおみ》宛元田書簡にみてとれるように、「華族令御発表、実に維新後之一大典、朝廷之礼制始而《はじめて》秩然《ちつぜん》、王室之尊厳幾層之重きを増し、感戴《かんたい》無限に候（華族令の発表があったが、実に維新後の大典礼である。朝廷の礼制ここに整い、王室の尊厳は幾重にも重きを増し、この上ない感嘆である）」と守旧的な元田を大いに満足させたことはまちがいなかろう（「元田永孚関係文書」）。

明治一六年（一八八三）七月の岩倉の死によって、新華族の創設などの諸改革も予想以上に早く着手された。洋行帰りの伊藤に対し宮中関係者らは一様に宮中の欧化を懸念、とりわけキリスト教の流入への強い不安を抱いた。そうした宮中の不信感に気づいた伊藤は、帰国後直ちに欧化への警戒感を払拭《ふっしょく》するよう努め、早速効果を上げた。

欧州での憲法調査の終盤にイギリスを訪れた伊藤は、駐英公使の森有礼《もりありのり》と会い、森を教育の基礎を定める識見ある人物と見込んで、帰国後の起用に意欲を燃やした。しかし意に反して、森がキリスト教の布教に熱心なことを宮中は不安視。なかでも元田のキリスト教アレルギーを警戒し、伊藤はこれに細心の注意を払った。

伊藤が宮内省予算を増額することにより、宮中に協力ムードを醸成したことは先行研究によりすでに明らかにされている。改めて伊藤の予算獲得への手腕と華族らに対する巧みな人心収攬術《じんしんしゅうらんじゅつ》には感心させられる（坂本『伊藤博文と明治国家形成』）。

これは伊藤に、人や組織がいま何を欲しているかを鋭く見抜く力が備わっていたことを示している。伊藤博文という政治家像を描くには、多く「情報」や「知性」などが冠されるが、これに加えて「観察力」も注目に値しよう。伊藤が宮内省に転任するまで、徳大寺実則ら同省幹部はつねに財政的手当てに苦心していた。よって、伊藤の見事な経理手腕は宮中や同省の空気を一変させ、伊藤の協力者の着実な増加につながった（瀧井『ドイツ国家学と明治国制』）。

しかし伊藤が実際に立憲政体を構築するためには、何といっても天皇を立憲君主に据えないことには埒《らち》が明かない。制度取調局長官と宮内卿のままでは、天皇への謁見すら思うに任せなかった。やはり天皇・三条実美・元田を説得して、内閣制度を創設するしか道はなかった。こうした伊藤の要望に三人とも消極的であったのはいうまでもない。伊藤の思い描く内閣制度が実現すれば、伊藤が首相となり、三条が太政大臣《だじょうだいじん》の職を解かれることは必然だからにほかならない。

明治一八年（一八八五）になると、天皇の政務に対する無気力ぶりがしだいに伊藤を悩ませるようになった。伊藤は辞職も視野に、三条に書簡を送り、「今一層政務上に聖慮を被為注候様不相成《そそがされそうろうようあいならざり》ては、御聡明之御質《ごそうめいのごしつ》も有名無実（いま一層、政務上に聖慮を注がねば、聡明の性質も有名無実となる）」と嘆き、天皇が君主としての「御職掌」を全うするよう強く求めた（『伊藤博文関係文書』）。

しかし同年一二月に入ると、伊藤は持てる政治資源を駆使して、何とか内閣制度の創設に漕《こ》ぎつけた。ついに同年末に内閣職権が制定されると、同時に宮中体制と法制局の整備も進み、その主要人事が決定された。

宮中には、「常侍輔弼《じょうじほひつ》シ及《および》宮中顧問官ノ議事ヲ総提（天皇に陪侍・輔弼する宮中顧問官の議事を総督）」する内大臣と「帝室ノ典範儀式ニ係ル事件ニ付諮詢《つきしじゅん》ニ奉対シ意見ヲ具上（帝室の典範・儀式に関する案件についてやりとりし意見を申し上げる）」宮中顧問官が設けられた。

内大臣には三条が太政大臣から転じ、宮中顧問官には川村純義《かわむらすみよし》、福岡孝弟《ふくおかたかちか》、佐佐木高行、寺島宗則《てらしまむねのり》、副島種臣、佐野常民《さのつねたみ》、山尾庸三《やまおようぞう》、土方久元《ひじかたひさもと》、元田永孚、西村茂樹《にしむらしげき》が任命された。

立憲君主制の下で「宮中と府中の別」を徹底するため、宮内省は閣外に位置づけられ、宮内大臣も閣僚ではなくなり、宮中は政府から分離された。宮中は天皇に仕え、国務には関与せず、内大臣や侍従長も宮内大臣と同様、政治から切り離されることになった。

こうして巧みな伊藤の政治指導の下で統治体制が刷新されると、いよいよ皇室法の起草が本格化していった。明治一八年（一八八五）末頃に宮内省制度取調局により起草された「皇室制規」は、女系・女性を容認する極めて柔軟な内容を有していた。同草案では、男系による継承を原則としつつも、それが困難な場合は女系を認め、嫡子を優先しながら庶子による継承をも容認した。すなわち、いかに立案者が皇統の存続に力点を置いたかが理解されよう。

しかも同案には第一三条に、「女帝ノ夫ハ皇胤《こういん》ニシテ臣籍《しんせき》ニ入リタル者ノ内、皇統ニ近キ者ヲ迎フヘシ（女帝の夫は皇胤、すなわち天皇の男系子孫で臣籍〔臣民としての身分〕に入った者のうち、皇統に近い者を迎える）」と規定された。「皇室制規」を載せる『秘書類纂』の同条には、「十三条難解」という興味深い書き込みがある。この書き込みについては、伊藤自身の筆になるものと推定される（拙著『女帝誕生』）。

現行皇室典範をめぐる議論と同様に、明治皇室典範の制定過程においても「女帝ノ夫」は難題とされた。「女帝ノ夫」がいったん臣籍降下した者であれば、婚姻により皇統は夫の姓に移ったと認識される恐れが出てくる。すなわち中華帝国のような易姓革命《えきせいかくめい》（天命が革《あらた》まり皇帝の姓が易《か》わる王朝交替）により、もはや皇統は万世一系でなくなることになろう。

そのため井上毅は、「謹具意見」を提出して「皇室制規」に痛烈な批判を浴びせた。宮内省はそこで早速「帝室典則」を起草、提出した。伊藤宮内大臣はほぼ全面的に井上の意見を「帝室典則」に反映し、男系・男子による継承と庶子の皇位継承権を認めた。つまり伊藤は、皇統の存続を確実なものとするため、庶子の継承権を認める一方、女性天皇の即位を否定したのである。ここに皇室典範の皇位継承をめぐる原則が定まった。

明治一九年（一八八六）六月一〇日、宮内大臣の伊藤は内大臣の三条に対し、皇位の継承、丁年（成年）、立后、摂政《せっしょう》、皇族処分などは国家建設の礎《いしずえ》であり、速やかに憲章を立てる方がよいとして、顧問官の評議にかけてのち意見を上奏するよう書面を宛てた。

こうした手順を踏むことで、伊藤は扱いづらい宮中関係者を何とか起草過程から排除しようとした。伊藤は、柳原の背後に佐佐木ら宮中勢力や元老院議官グループなど保守派が控えていることを十分に承知していた。ひるがえれば、明治一〇年代前半の侍補グループによる天皇親政運動のように、宮中勢力も容易に政治化する。そのため、彼らの力はけっして侮れなかった。その背後に天皇が控えていたからなおさらである（拙著『明治天皇』）。

伊藤は皇室制度の立案にあたり、宮中勢力を統率する岩倉や三条ら実力者との橋渡し役を柳原に期待した。従一位《じゅいちい》柳原光愛《みつなる》を父にもち幕末より国事に携わった柳原は、新政府で外務大丞《だいじょう》として清《しん》に赴き、日清修好条規の締結に寄与した。明治一三年（一八八〇）五月からおよそ二年半にわたり駐露公使を務め、その間、欧州の帝室制度の調査、研究にあたったことはすでに述べた通りである（国立公文書館所蔵「柳原前光・履歴」）。

岩倉と伊藤は早くに柳原の才能に注目し、駐露公使への起用を後押ししていた。元老院幹事の職にあった頃から、柳原は元老院の改革や皇室制度の創設に腐心していた。駐露公使であった明治一五年（一八八二）八月、柳原がサンクトペテルブルクから佐佐木に宛てた書簡には、オーストリアでの伊藤とのやり取りが記されている。同書簡からは、伊藤が保守勢力の関心事におおむね理解を示し、柳原に同意していたことがわかる（『保古飛呂比』）。

前述のように、柳原は皇室制度の基礎をロシアに求め、君民の友交の契機をオーストリアから学ぼうとした。柳原がこうした二か国の融合案を伊藤に進言したところ、伊藤は賛同した。伊藤は皇室が分断の危機に直面する日本社会に融和をもたらすことを期待していた。

筆者はすでにそれを本章の第一節において、以下のように説明した。柳原はこうした伊藤の同意はうわべを飾ったに過ぎないと考えた。その後まもなく、柳原は日本の岩倉に宛てた書簡で、伊藤が帰国後直ちに憲法を扱う部局を設ければ、皇室法もそこに一体化されるとした。そうなれば、もはや保守派の意向などどうなるかわからないと、柳原は岩倉に警鐘を鳴らした。すなわち伊藤の同意は、必ずしも本心から出たものではなく、伊藤一流のパフォーマンスに過ぎないと柳原は受け止めた。

こうした見方は、坂本一登氏の「伊藤は、岩倉や佐佐木ら保守派に親しい駐露公使柳原前光を介して、自己のイメージ・アップを図った」との見方にも近いといえよう。坂本氏はまた、「華族である柳原は帝室制度の確立について、立憲政体の創設とは区別された固有の問題として、官僚の伊藤よりも、華族の指導者である岩倉が主導権を発揮することを望んでいた」とする（坂本『伊藤博文と明治国家形成』）。そもそも柳原が皇室とその藩屏《はんぺい》たる華族の核心的利益を優先する立場から離れ、伊藤に歩み寄ることはなかったと筆者は考える。

欧州での会談を通じて、伊藤は一見柳原を高く評価していたようにみえるが、伊藤を通じて柳原が皇室典範に与えた影響は思いのほか限定的であった。その背景には、前述のように、明治一六年（一八八三）の岩倉の死が大きく影響している。皇室典範の起草において、伊藤が柳原を通じて政治交渉する相手は岩倉から三条に変わっていた。

帰国後の伊藤による宮中制度の改革や皇室制度の構築に柳原が与えた影響は、従前から指摘されてきた皇室典範の個々の条文を除けば、本質的な部分には必ずしも及んでいない。いわゆる宮中改革に限っても、伊藤は三条や元田ら宮中関係者には具体的な働きかけを行っているが、岩倉が亡くなってから内閣制度の創設までのとりわけ重要な時期に、柳原との本質的な交渉のための接触は確認されない。

明治一九年（一八八六）以降の皇室典範の起草過程において、柳原はその該博《がいはく》な知識を求められ再び注目を集めるが、三条も伊藤も柳原への対応は信じ難いほどおざなりであった。それは三者間の書簡から明らかである。したがって、伊藤を通じた柳原の皇室典範起草への貢献は、高度な立法技術を有する井上毅が伊藤と柳原との間に介在したことから、減殺された部分も少なくない（拙著『天皇・皇室制度の研究』）。

しかし別の見方をすれば、伊藤は井上と法律論で十分互角に渡り合える数少ない保守派の官僚である柳原を最大限に利用し、保守派の取り込みを企図した。立憲君主制導入の成否は、天皇の再教育を除けば、柳原を通じて宮中に政治的拠点をもつ保守勢力をいかに巧みにコントロールしうるかにかかっていた。伊藤は欧州でシュタインとの「邂逅」をお膳立てした柳原を注意深く観察し、同人の利用価値を見定めたのである。

さて、明治一九年（一八八六）六月に起草された「帝室典則」は、井上毅の後押しを得て、修正作業は順調に進捗《しんちょく》した。伊藤は重ねて三条に「顧問官ノ評議」を求めた。三条はまず尾崎三良《おざきさぶろう》や東《ひがし》久世《くぜ》通禧《みちとみ》ら側近を自邸に招き、検討を求めた。こうして伊藤の要望に応《こた》え、評議は各顧問官らが修正意見を持ち寄る形で進められた。

東久世が同年七月五日に提出した「帝室典則修正」の草案には、「明治十九年帝室典則を大幅に修正せるもの」と記されていた。第一条は当初、「皇位ハ皇太子ニ伝フヘシ」とあったのを「皇位ハ男統世継トシ皇太子ニ伝フ」と修正された。そのほかにも、削除された条文もあり、確かに大幅な修正にちがいなかった（島『近代皇室制度の形成』）。

「帝室典則」の修正作業には当時、賞勲局《しょうくんきょく》総裁であった柳原も加わっていた。こうした柳原の起用について、坂本氏は「伊藤はさらに慎重を期するために「宮中」関係者のイデオローグといった側面をもつ賞勲局総裁柳原前光にも典範の起草を命じた」との理解を示した（坂本『伊藤博文と明治国家形成』）。果たしてこうした理解は妥当であろうか。

もし「さらに慎重を期するために」伊藤が柳原を動員したのであれば、伊藤は柳原ともっと緊密な連携をとってしかるべきであろう。同様に、もし柳原が「「宮中」関係者のイデオローグといった側面」をもっていたとしたら、三条はたとえ柳原が宮中顧問官でなかったにしても、やはり「帝室典則」の修正についてもっと丁寧な意思疎通を図ったにちがいない。三条も伊藤もともに、柳原への対応ぶりは実におざなりであった。なぜか両人ともに、柳原とは一定の距離を置いていた感が否めないのである。

以上のような疑問は次の書簡の文面から生じる。明治一九年（一八八六）七月八日に三条が柳原に宛てた書簡において、柳原は三条に自らの修正案が宮中顧問官や伊藤に回覧されたか否かを尋ねている。そのうえで柳原は、もし顧問官や伊藤に見せたのなら心積もりもあるので、その旨を知らせてほしいと三条に要望した。柳原は自分の修正案が伊藤の目にふれたかどうか三条に尋ねていることから推して、伊藤も三条も柳原に十分な情報を提供していなかったことが容易に理解されよう。

東久世や尾崎の日記をみれば、同年六月下旬から翌七月上旬にかけて、三条の側近らと柳原との接触が具体的に確認できる。柳原は前述の七月八日付の三条宛書簡において、自らを「局外無権ノ者」と位置づけた。『東久世通禧日記』六月二四日条には「午後柳原邸行、帝室典則之義相談」とあり、『尾崎三良日記』七月一日条にも「柳原来《きた》ル、帝室典則ニ付《つき》談話アリ」と記されている。こうしたことから、あたかも元老院を媒介とした柳原と三条側近との緊密な連携ぶりがうかがえる。

しかし、宮中顧問官らの評議を経て再提出された「帝室典則修正案」には、さしたる修正が施されていなかった。大きな修正箇所としては「帝室典則」第二条が挙げられる（島『近代皇室制度の形成』）。副島種臣が建議したように、そこでは皇次子なき場合に皇位を皇三子に伝えるのか、あるいは皇次子の子孫に伝えるのか明確ではなかった。そこで皇太子もその子孫もいない場合は、皇次子皇三子以下、皇次子の子孫、皇三子の子孫の順に伝えるとの重要な修正が加えられた。ともあれ、この宮中顧問官らの修正案はついに上奏されることはなかった。

さらにここに至る過程において、伊藤と三条側近との間に軋轢《あつれき》が生じていたという看過できない事情があった。三条側近は、内閣制度の発足に伴い太政大臣から内大臣に転じた三条の処遇について、強い不満を抱いていた。こうした側近らの伊藤に対する反感も、修正作業に暗い影を落としていた。

宮中顧問官らの修正案とは異なり、同じ頃に脱稿された柳原の「帝室法則綱要」は出色の出来栄えであった。「帝室法則綱要」を手にして初めて、伊藤は柳原の高い立法技術に気づいたようである。これを明治一九年（一八八六）一〇月に三条より入手した伊藤は救われた思いであったにちがいない。しかし実際に、伊藤がロシアとオーストリアの帝室制度に依拠した柳原の進言に虚心坦懐に向き合おうとしたかははなはだ疑問であった。

このように、立憲制導入をめぐる立場の違いを乗り越えることは容易でなかった。「政治の場」の宿命として、伊藤は柳原を利用して宮中を中心とする保守派を操縦しようと企図した。伊藤にとって、柳原には十分に利用価値があった。伊藤は躊躇《ちゅうちょ》せず柳原に皇室典範の起草に参加するよう依頼した。伊藤は三条グループと柳原の関係を中心に、元老院を含めた保守勢力の動向を注視しつつ、高輪会議への道のりを模索していた。

伊藤は欧州で帝室対策に苦心する宰相ビスマルクを目の当《まあ》たりにして、帰国後皇室法の立案に向け慎重に宮中勢力との調整を進めた。その過程において、伊藤は柳原の優れた構想力と立法技術に触れ、それが保守勢力の中で傑出していることを確信した。

柳原の手になる「帝室法則綱要」の第一五条から第一七条には「太傅《たいふ》」に関する規定が認

められ、のちの「太傅之事」とともに卓越していた（「三条家文書」）。太傅とは古く中国は周代に設けられた未成年の皇帝を傅育する官職で、日本でも明治皇室典範に規定されたが、現行皇室典範には採用されていない。

かねてより元老院の役割を重視してきた柳原らしく、元老院の決定により太傅を採用したフランスの先例に倣《なら》い、摂政は太傅を兼任できないとする規定を「帝室法則綱要」に盛り込んだ。のちに明治皇室典範もこの規定を踏襲した。

伊藤が宮中顧問官らの「帝室典則」をめぐる修正作業を尊重したのは、三条が岩倉の死後、俄《にわ》かに皇室法の立案に意欲を燃やすようになったことと無縁ではなかった。しかもそこに内外の皇室法に精通し、保守派の中でも卓越した力量を有する柳原が参加したことを伊藤は見逃さなかった。伊藤はこの機を捉えて、まず保守派の理論的支柱である柳原の抱き込みを図った。

伊藤はそれほどまでに柳原の能力を買っていながら、同人との距離をけっして縮めようとはしなかった。その根本的な理由は、両者の間に「宮中と府中の別」をめぐる決定的な考え方の違いがあったからにほかならない。それは井上毅についても同様のことがいえるかもしれない。

柳原は駐露公使時代に欧州の帝室制度について理解を深め、議会の動向や内閣の方針に左右されない自律性の高い皇室制度を構想した。一方、伊藤は政府の意向とかけ離れた天皇の自由意思など認めない立場であった。

しかし、伊藤が柳原を皇室典範の起草に終始起用したのは、両者の間に共通の理解があったからである。いっさいの権力を正当化し、あるいは否定しうるキリスト教の代替物として、日本には皇室の伝統をおいてほか見出しえなかった。こうした伊藤の理解は、皇室による社会の統合を説く柳原の主張と見事に一致していた（拙著『天皇親政』）。

三、高輪会議とは何だったのか

わが国の皇室においても古来、様々な慣例や儀式が創意工夫されてきた。しかし皇室制度を規定する成文法は、近代になるまで制定されなかった。そのため、法の近代化をめざす明治政府は、皇位継承や立后、摂政などをめぐり国家建設の礎となる憲章の制定に乗り出した。立憲制確立への機運が高まる明治一〇年代後半、伊藤博文ら政府首脳も本格的な皇室法の起草に邁進《まいしん》するようになった。

岩倉具視の没後も、伊藤は皇室法の立案をめぐり宮中勢力との主導権争いに終始した。宮中勢力の背後には天皇が控えていたから、その力はやはり侮れなかった。したがって、「帝室典則」が三条実美の主導下に起草されると、伊藤はとても無関心ではいられなかった。すでにみたように、三条は内大臣に就任すると、ますます皇室法の起草に傾注するようになった。三条が山田顕義《やまだあきよし》に草案を示し、親王宣下《せんげ》の必要性や皇后を出す家柄の範囲について意見を求めたのはその証左といえよう。

現に「三条家文書」には「帝室典則」をめぐる多くの修正案が残され、その間の事情がうかがい知れる。しかもその多くが柳原前光の筆になることは注目に値しよう。伊藤は欧州滞在中に柳原との交流を通じて、同人の帝室制度調査への熱心な取り組みを十分に承知していた。

よって伊藤は、柳原が三条ら宮中勢力により進められる皇室法起草の動きに関与していることを知ると、再び同人に注目した。柳原の精巧な「帝室法則綱要」にふれた伊藤は、柳原の関与が宮中側の理論武装につながり、結果として見劣りする「帝室典則」を多少なりとも洗練させることに期待を寄せた（拙著『天皇・皇室制度の研究』）。

「帝室典則」を修正するため、井上毅も柳原との接触に余念がなかった。明治一九年（一八八六）七月八日付の柳原からの書簡によって、三条は柳原が井上に面会し、両者の間で書類の交換がなされたとの情報に接した。柳原案の取り扱いをめぐって、伊藤も法に明るく立法技術に長《た》けた井上の判断を仰いだとみられる（小林・島『明治皇室典範（上）』）。

柳原の「帝室法則綱要」が宮中顧問官らの修正案よりもはるかに優れていることを知悉していた伊藤は、宮中勢力を取り込むという多分に政治的な判断から、柳原を皇室典範の起草者に進んで抜擢《ばってき》した。伊藤はまた、皇室観において自身と隔たりがあるものの、法制官僚として抜きん出た技量を有する井上をすでにもう一人の起草者に想定していた。伊藤は立法技術上の要請からも、両者の起用を決めたとみられる。

この三人に伊藤の秘書官である伊東巳代治を加えて、明治二〇年(一八八七)三月二〇日に高輪会議が開催されることになった。会議の開催に向けて、準備作業は井上・柳原間において急ピッチで進められた。起草作業を急ぐのには理由があった。いうまでもなく、皇統断絶の危機が切迫していたからにほかならない。

皇位継承の歴史は綱渡りの連続であった。かねて天皇や皇族らはもちろんのこと、宮中関係者も皇統の存続については薄氷を踏む思いであった。明治の宮廷もけっして例外ではなかった。高輪会議の一年前、明治一九年(一八八六)三月までに、明治天皇は三人の皇子と五人の皇女を授かった。しかしその多くは夭折《ようせつ》し、嘉仁親王(のちの大正天皇)と静子内親王《しずこないしんのう》があとに残された。伊藤ら政府首脳は当面、皇位継承の安定を軸に盤石な皇室制度を案出せねばならなかったのである(『明治天皇紀』、拙著『明治天皇』)。

いつ伊藤が柳原に本格的な皇室法の起草を依頼したかは判然としないが、具体的な準備作業は明治一九年のうちに着手された。まず井上と柳原が起草作業の中心となり、高輪会議で審議にかける「皇室法典再稿」をまとめた。その際、柳原が三条側近の尾崎三良や東久世通禧《みちとみ》らに相談をもちかけたことは見逃せない。

わけても翌二〇年一月一二日の東久世の日記に、「柳原邸行。帝室典則相談。三条内大臣、土方顧問官同席。相談了、饗応乱舞《きょうおう》」とあるのは注目されよう。三条に加え、元老院議官や宮中関係者など保守派の面々が相談に与《あずか》っていた。

伊藤はこうした展開になることを十分に予期していた。皇室典範の準備が軌道に乗るとまもなく、伊藤は孝明天皇《こうめいてんのう》二十年式に臨むため同年一月二五日に出立し、およそ一月の間東京を留守にした。伊藤自身が不在でも、柳原が三条ら保守派と折り合えるよう調整に入るため心配はないと伊藤は踏んでいたにちがいなかろう。

宮中には妹愛子と甥の嘉仁親王がいたから、柳原が滅多なことをするはずもなかった。保守派が暴走する懸念も不要であった。いざとなれば、井上がブレーキを踏む。伊藤は出発にあたり、井上に「皇室法典初稿」を修正して帰京後に報告するよう指示した。

伊藤が東京を発《た》つ前日、井上が伊藤に宛てた書簡に「高命ノ件々ハ、無懈怠《けたいなく》残員一同申合《もうしあわ》セ、勉強仕《つかまつりそうろう》候」と記したように、起草作業は高い緊張感をもって開始された。同書簡には、二日後に柳原と対話を約したことなど事細かな日程がしたためられていた。こうして伊藤の留守中、井上・柳原間で修正作業は精力的に進められた。井上は柳原案に徹底して修正を加え、「皇室典憲」をまとめた。井上はこれに朱筆を入れ、「皇室財産御料」も添えて柳原に送り返した。

「皇室法典再稿」の起草作業には、柳原を通じて元老院議官の尾崎らが関与した。『尾崎三良日記』同年二月一一日条には、不首尾に終わったものの「午後柳原、佐佐木、山尾（庸三―引用者）等ヲ訪《おとない》」とみえ、また同月一五日条には「柳原ニ至ル。但《ただ》シ兼約ニ依《よ》ル。皇室法典相談会アリ」と記されている。ここから柳原が元老院関係者に接触して、皇室法典案の修正をめぐり意見調整を進めていたことがわかる。このように柳原を介して、保守派を取り込もうという伊藤のねらいは見事に的中した。

二月二四日、伊藤は孝明天皇二十年式を終えて京都から帰京した。二日後の二六日に井上は伊藤に書簡を宛て、調査の結果を報告した。同書簡には、皇室典範の方はいま少し検討のうえ、できれば方針を示してほしい、とあった。一方、柳原の方は第二案の起草中であった。柳原はさらに修正を加え、三月一四日に草案をまとめあげた（『井上毅傳』）。

柳原の提出した全二一章一九二条からなる「皇室法典初稿」は、井上により全六章三八条と大幅に圧縮されたが、再び柳原によって全一一章一一九条に修正された。これに先立ち、三月四日付で伊藤に宛てた書簡において、柳原は元老院改革が皇室の「安全」につながるとの見解を表明した。かねてより柳原は、皇室制度の構築と元老院改革の連動を重視し、これを同時に推進しようとした。

柳原はまた、国会開設前に早く立法上院（元老院）を強化し、「朝野の信憑《しんぴょう》」を得て、皇室将来の安全を保持し、建国の体を保とうと伊藤に検討を求めた。柳原は一連の皇室法起草過程で、尾崎ら元老院議官と協議を重ねた際、保守派の発言力拡大にもつながる元老院改革を伊藤に迫ることで意見の一致をみた。

それまでも、柳原は繰り返し元老院の強化を唱えてきた。柳原は皇室制度の安定を目的に掲げることによって、元老院の改革を一気に進めようとした。柳原や元老院議官らにとって、皇室典範の起草はまさに年来の宿願ともいうべき元老院改革の好機でもあった。それを伊藤により逆手にとられた格好である。

かつて立憲政体を構想し国会論を展開したとき、伊藤は岩倉との競合から元老院改革の政治的妙味に気づいた（坂本『伊藤博文と明治国家形成』）。その経験がここで活きてきたことはまちがいない。伊藤はこのとき「上院強化」の方策として、「華士族」から元老院議官を選出する案をすでに意見書に盛り込んでいた。意見書にみてとれるように、こうした秋波を送ることによって、伊藤は保守派を周到に取り込むことを忘れなかった（拙著『天皇・皇室制度の研究』）。

井上や柳原らによって鋭意進められた修正作業は、どの程度の成果を生み出したのであろうか。柳原の「皇室法典初稿」が思いのほか大部なものとなったのは、「皇室典範」と「皇族条例」を一体化したからにほかならない。一方、井上もヘルマン・ロエスレルとたびたび質疑応答を繰り返し、伊藤宛に一六件にわたる「皇室典憲ニ付《つき》疑《ぎ》題《だい》乞裁定《さいていをこう》件々」を送るなど熱心な取り組みをみせた。

この間の井上による修正作業を詳細に検討し、井上が伊藤の意向を尊重して自らの考えを渋々曲げ、「皇室典範」と「皇族条例」を二つに分割したことを指摘した考察がある（山下重一「明治皇室典範起草に関する資料2点——柳原前光初稿・第3稿に対する井上毅の修正と意見」）。

井上は二月二六日付で伊藤に宛てた書簡に、「台命《たいめい》ノ旨ニ依リ、皇室典範ト皇族条例トノ両部ニ分《わか》チ起草候、試ミニ奉呈覧《ていらんたてまつり》候、右両用ニ分チ候事ハ、各国ニハ例ナキ事ト相見エ候《そうら》ヘ共《ども》、簡繁各々其所《おのおのそのところ》ヲ得ル為ニ最良法ト奉存《ぞんじたてまつり》候（命令に従い、皇室典範と皇族条例の両部を分けて起草しました。試案をご覧に入れます。このように両部に分けるのは諸外国に例がありませんが、それぞれその違いがはっきりして、最もよい方法と思われます）」としたため（『伊藤博文関係文書』）。井上は伊藤の命に従って両部に分け、「皇室典範」をいわば不動の法令、「皇室条例」を適宜改正すべき法令に位置づけた。すなわち井上は柳原と同意見であったが、伊藤に逆らえなかった。

何といっても大宰相主義に立つ内閣職権の下では、たとえ欧州の帝室制度に精通する柳原や井上の意見であっても、伊藤がその気になれば両者を寄り切ることはいとも容易であった。おそらく伊藤は、「皇族条例」を「皇室典範」から切り離すことによって、その時々の皇族のあり方が皇室制度本体に影響を及ぼすことを避けようとしたにちがいない。

こうして伊藤は柳原の案を一蹴することで、天皇を後ろ楯《うしだて》とする保守勢力を巧みに抑え込んだのである。このときの伊藤は実に自信に満ちており、「立憲カリスマ」の名にふさわしかった。

井上は疑義ある点はロエスレルと十分に協議を重ね、柳原も井上の修正案を入手し綿密な検討を加えた。柳原との協議にはときに、土方久元や西園寺公望も参画したとみられる。柳原と井上の二人が緊密に連携しながら、互いに独自色を出すべく真剣に取り組んだことは、伊藤が期待したような水準の高い草案を得ることにつながった（『井上毅傳』）。

井上と柳原による修正の内容について、とりわけ注目されるのは次の二点である。一つは「皇室法典初稿」の第一条、「大日本国皇位ハ恭《うやうや》シク天祖ノ大詔《たいしょう》ニ則《のっと》リ其皇統之ニ当ルコト天壌《てんじょう》ト与《とも》ニ窮《きわま》リナシ」の部分である。井上はこれを憲法に譲り草案から削除するよう求めたが、柳原は聞き入れなかった。そのため、このくだりは柳原の再稿に再び登場する。

いま一つは天皇の譲位規定である。柳原が初稿に盛り込んだ譲位の規定には井上の賛同も得られた。しかし後述のように、譲位の規定は高輪会議において伊藤の強い反対により葬り去られる運命にあった。

同年三月一四日、柳原は伊藤の意向を迎えて、「皇室典範」と「皇室条例」を分割し再提出することになった。これを受けて同月二〇日、伊藤の高輪別邸でいわゆる高輪会議が開催された。同会議には伊東巳代治も参加した。会議における伊藤、柳原、井上らの熱心な議論については、「皇室典範・皇族令草案談話要録」に詳しい(「伊東巳代治関係文書」)。

高輪会議においては、皇室典範の審議に先立ち、柳原から伊藤に対して皇室法をめぐる基本事項に関して質疑が行われた。柳原は改めて、懸案であった法の名称や皇室典範と皇族法の区別、法の発表手続きなどについて伊藤に質した。その問答から、伊藤らの皇室法に対する考え方と議論の重要な論点が確認できる。

柳原はまず、議会開設以前の法の名称について質した。伊藤の見解を問う前提として、柳原は議会開設前に皇族法などに法の名称を使用すると、それは議会の議決を経るべきものとの感を惹起《じゃっき》する懸念を示した。伊藤は皇室典範や皇族法の名称を使用しても、その趣旨はドイツのいわゆる「王室法(インペリアルハウスロー)」に相当するとし、「妨クル所ナシ(問題ない)」とした。

柳原はこれに加えて、より本質的な問題として皇室典範と皇族法の区別について取り上げた。柳原は、欧州では皇室典範と皇族法は一体化していると指摘したうえで、両者を区別する基準として事柄の軽重を挙げ、伊藤にその妥当性を質した。伊藤はこれに答えて、欧州では皇室典範と皇族法を分けずに一つの王室法にまとめていることを確認した。

伊藤は一体化の背景として、憲法学が進歩していなかった時代には、両者を区別するわけにいかなかったからであると説明した。そのうえで、伊藤はこれを区別するというのは一歩進めた考え方であるとした。なかには恒久的に不動のものと時に変更しうるものとがあり、これらを一つの「王室法」に混在させるべきではないと伊藤は主張した。

以上の議事をめぐり、「王室法ハ皇室典範ト皇族法ノ名称ヲ付シテ之《これ》ヲ分《わか》ツ事」と採決された。このように伊藤の意見に従って、皇室典範と皇族法とは区別されることに決し、柳原の一体化構想はここに潰《つい》えたのである。

ついで皇室典範の「発表手続」についても、以下のような議論が交わされた（小林・島『明治皇室典範（上）』）。

柳原　この法令は如何《いか》なる手続きにより発表されるべきか。また、内閣総理大臣は副署すべきであろうか。

伊藤　詔勅副署のことは、宰相の責任論にかかわるものであるから、最も時間をかけて考察されねばならない。かかる意味から推量すれば、内大臣、宮内大臣が共に副署すべきである。

柳原　君主は王室の家長としてその家法を定めるには、敢《あ》えて宰相の輔翼《ほよく》を要しないとのロエスレルの説があるが、どうだろうか。

伊藤　たとえ副署がなかったとしても不可ということはない。

井上　王室法といえども他の法律と同様に、官報に掲載して初めて有効となるものであれば、内閣総理大臣が副署したとしても可である。ロエスレルの意見も別に異なるわけではない。

伊藤　もし総理大臣によって副署するものとすれば、上諭にだけそうすべきで、そもそも総理大臣が副署するとしても、これによって政治上の問題であるとして議院が議する理《ことわり》はない。

このように、皇室典範の発表手続は極めて微妙な側面をもっていた。それは皇室の政治からの自律性のみならず、天皇の政治への関与とも深く結びついていたからにほかならない。ロエスレルは、「君主は王室の家長としてその家法を定めるには、敢えて宰相の輔翼を要しない」とした。柳原がこのロエスレルの学説を踏まえて提起した質疑は、重要な意味を有していた。すなわち柳原は、「王室の家長」たる天皇が「家法」である皇室典範の制定権を有するのは当然と考えたのである。

天皇が家長権に基づき皇族を統制（「監督」）することによって、初めて天皇・皇室の自律性が保たれる。それにより、皇室の政治からの独立性も確保しうる。柳原はロエスレルに導かれながら、皇室典範の制定に「敢えて宰相の輔翼を要しない」との考えを示した。

皇室典範は結局、憲法とは大きく異なり、発布されないことに決した。伊藤にしても、天皇の皇室典範制定権は認めざるを得なかった。しかし伊藤としては、総理大臣の副署があるからといって、直ちに皇室典範を議会の審議に委ねることだけは何としても避けたかった。

もしも井上の発言のように、「王室法」も官報に掲載することで効力を発するということならば、皇室の政治からの独立性を保持することは難しくなったであろう。ここでも「大宰相」である伊藤の意向が通り、明治皇室典範は官報に掲載されない「皇室の家法」として議会の干渉を免れることになった（「皇室典範・皇族令草案談話要録」）。

天皇の譲位の可否もここでの大きな争点となった。譲位を是認するということは皇位継承に天皇の意思が働くことを意味し、天皇が主導性を発揮しうる反面、天皇がつねに政治利用される危険も孕《はら》んでいた。柳原は皇室典範第一二条案として、「天皇ハ終身大位ニ当ル、但シ精神又《また》ハ身体ニ於《おい》テ不治ノ重患アル時ハ元老院ニ諮詢シ、皇位継承ノ順序ニ依リ其位ヲ譲ルコトヲ得《う》」と提起したが、伊藤はこれに反対し削除を求めた。伊藤は譲位を真っ向から否認したのである。

こうして、めぼしい柳原案は伊藤により退けられた。伊藤は立憲制の樹立をめざして天皇とのパーソナルな関係維持には腐心したものの、宮中派を含め保守派の要求は拒絶した。しかし伊藤も柳原も同様に、皇室の存在意義を踏まえて真剣に論戦したため、両者の間に派閥次元の悪《あ》しき確執が生じることはなかった。その後の両者の関係がそれを物語っているといえよう。

このとき、宮中・府中の関係が新たな局面を迎えようとしていた。いわゆる明治典憲体制の形成過程において、宮中や元老院を基盤とする保守派は決定的な後退を余儀なくされた。これにひきかえ、明治一八年(一八八五)の内閣制度創設以降、伊藤による主導権の確保は確実に進展していたのである。

四、皇室典範の成立と保守派との攻防

高輪会議において重要な争点になったのは、皇位継承など皇室の重要事項に対する元老院の関与であった。すでに述べたように、明治二〇年(一八八七)三月に伊藤博文に宛てた書

箇において、柳原前光は国会開設以前に立法上院、すなわち元老院の早急な強化が皇室の「安全」につながるとの見解を表明した（『伊藤博文関係文書』）。

かねてより柳原は、皇室制度の構築と元老院改革の関係を重視し、これを同時に推進しようとしていた。一連の皇室典範の起草過程において、柳原は尾崎三良ら元老院議官と協議を重ね、元老院改革を伊藤に迫ることで合意が形成されたとみられる。柳原や元老院議官らにとって、皇室典範の起草はまさに元老院改革の好機でもあった。

柳原は元老院の現況について、当今、議長は「参議の腐敗者」、議官は「老朽官吏の巣窟《そうくつ》」とまで酷評し、改革の必要性を説いた。柳原は同年暮れにも伊藤に対して、元老院は明治一三年（一八八〇）に大木喬任《おおきたかとう》、有栖川宮熾仁親王に交代以来、衰退・腐敗の様相を呈していると伝えた（前掲文書）。

そもそも柳原や尾崎ら元老院議官派が伊藤に熱心に元老院改革を求めたのは、伊藤が明治一三年一二月の立憲政体意見書において、独自の元老院改革を提示していたことに起因する。伊藤は同意見書において、元老院が「漸進ノ道」によって「時変ヲ制」することに期待を寄せた。

このとき伊藤は、元老院を拡大し、元老院議官を華士族から選ぶことを主張。元老院に「王室ノ輔翼」を求めた。伊藤はまた士族の動向にふれ、その「怨気《えんき》団結」するときは、「朝野ヲ疎隔シテ王化ヲ壅塞《ようさい》スル（政府と世論の乖離を生み、天皇の徳治の妨げになる）」とした。伊藤はこうした憂慮される「朝野の疎隔」を、国会が開設されるまでに、元老院の改革によって抑止しようと考えた（拙著『天皇・皇室制度の研究』）。

こうした伊藤の元老院改革論を、保守派はいかに受け止めたのであろうか。当時、中正党の結成を通じて宮中や元老院の保守派を糾合した佐佐木高行や元田永孚らは、伊藤のいう元老院議員の公選には否定的であった。佐佐木は欧米各国において上院議員が公選なのは希《まれ》であるとして、議官公選論に反対の姿勢を崩さなかった（『保古飛呂比』）。

佐佐木の日記によれば、議官公選に立った伊藤の元老院改革論に宮中派は不信感を募らせた。また宮中派は、岩倉具視に確固たる定論はないとしながら、ほどなく伊藤の議官公選論に同意したことに「不可解」との念を抱いた。しかし宮中派の観測では、三条実美、有栖川熾仁両大臣も態度を決めかねており、実現の可能性は薄いとみられた。

以上のように、宮中や元老院の保守派は明治十四年政変前後から、元老院の改革をめぐり政府主流派と対立していた。中正党の結成に注目することにより、これ以降の保守派の地下水脈を辿《たど》ることができよう。同党の中核であった佐佐木は明治一四（一八八一）年九月九日、三条に対し民権派が「開拓使官有物払下げ一件」をお決まりの政府攻撃の常套《じょうとう》手段として利用していると喝破した。

中正党には、谷干城《たにたてき》ら武官派が、元老院の立法権強化や天皇の親裁を掲げて参画した。こうした動きに対して、金子堅太郎《かねこけんたろう》を中心に大蔵省、司法省、文部省の少壮官僚らも呼応した。この頃、同党の主要な課題は元老院の強化にあり、元老院議官派がその中心的位置を占めていた（「三条家文書」、『谷干城遺稿』）。

とりわけ興味深いのは、これが明治二〇年（一八八七）の高輪会議前後の動きと重なる部分が大きいことであろう。皇室典範の起草に柳原とともに深いかかわりをもった土方久元、東久世通禧《みちとみ》らが、中正党結成時のメンバーと重複している。こうした保守派の面々は、皇室典範の起草を元老院改革の絶好の機会と捉えた。加えて、彼らは柳原と同様に三条にも近かった。

保守派は柳原を通じて皇室典範の起草に関与した。元老院改革に熱心な柳原は、同じ志向を有する保守派の意向を体し、高輪会議の審議において元老院を重要な皇室案件の諮詢機関に押し上げようとした。

柳原は、同会議で「不治ノ重患」や「重大ノ事故」ある場合に、継承順位を変更するための諮詢方法を、「上院即《すなわ》チ元老院」に下問すべしと発言した。すなわち柳原は、伊藤に対して強く元老院の権限強化を求めたのである。

これに対して、伊藤は皇室と「政治上ノ組織」を峻別《しゅんべつ》する考えから、元老院に諮詢することは事理に当たらずとした。伊藤は元老院の政治性を知悉していた。事実、明治初年から、元老院は土佐派《とさは》や保守派の牙城《がじょう》であった。そのため伊藤は、皇位継承について元老院に諮詢することは皇室と政治との分界点を曖昧《あいまい》にすることになると考えたのである。

高輪会議では井上毅の提案によって、柳原案をたたき台として審議が進められた。しかしすでにみたように、譲位の規定や皇族令の位置づけといった論点をめぐり、柳原案がすんなりと採用されたわけではなかった。それはとりもなおさず、伊藤が保守派寄りの柳原の意見を容認しなかったからにほかならない。

伊藤は柳原を皇室典範の起草メンバーとして参画させることにより、形のうえで宮中や元老院に影響力を有する保守派への配慮を示した。しかし伊藤は、実質的に保守派の意向を迎えて妥協するつもりは最初からなかった。

前述のように、伊藤はすでに明治十四年政変に先立ち、立憲政体意見書を提出して元老院改革を一つの目玉に据えた。そのため柳原や元老院議官らにとって、皇室典範の起草は元老院改革の好機と映った。伊藤は柳原を巧妙に利用することによって、それを逆手にとるといった戦略に出た。

元老院の強化を求める保守派は議官の公選にこそ反対したが、元老院改革は保守派を議論へと誘導するための格好の好餌《こうじ》であった。少なくともオーストリアで伊藤とシュタインとの

「邂逅」を成し遂げた柳原は、かの地における成功体験を通じ伊藤に希望の光をみたとしても不思議ではなかろう。

伊藤は上記の意見書に元老院と会計検査院の改革を掲げて、保守派と急進派双方に実に巧みに秋波を送った。前者は柳原をはじめとする保守派、後者は小野梓《おのあずさ》ら大隈派を標的としていた（拙著『天皇・皇室制度の研究』）。

政治体制を刷新した伊藤は、保守派を牽制《けんせい》することによって、着実に宮中の統制を進めようとした。高輪会議で伊藤は柳原を通じ、宮中や元老院の保守派の牽制を企図したが、その行く手は必ずしも順風満帆ではなかった。条約改正に向けて欧化政策を急いだ伊藤内閣は、各方面からの容赦ない抵抗に遭遇することになった。

かつて柳原駐露公使の下で一等書記官を務めた尾崎は、帰国後の明治一八年（一八八五）に元老院議官となった。尾崎は保守派で親三条の立場から、伊藤や井上馨の欧化政策や条約改正交渉に強く反発した。そもそも尾崎は、三条を政権中枢から排除した伊藤の体制刷新には批判的であった。

伊藤の体制刷新の柱である内閣制度の発足からおよそ一年が経過した。明治二〇年（一八八七）一月、尾崎は皇室典範について東久世や柳原とたびたび相談会を開き、同年三月の高輪会議に備えた。尾崎や柳原はいうに及ばず、東久世も明治一五年以来元老院副議長を務め、三人は元老院議官派を牽引した（『尾崎三良自叙略伝』）。

また、尾崎は内大臣に転じた三条を訪ね、政府による三条の処遇に強い不満を表明した。三条は同年三月下旬、長きにわたり太政大臣として使用した永田町《ながたちょう》の官邸からほとんど立《た》ち退《の》き同然のひどい扱いを受けていた。これに対し、尾崎、東久世、土方ら三条側近は大いに憤慨した。しかし彼らが内大臣辞職を梃《てこ》とした反転攻勢を促しても、三条はなかなか煮え切らなかった。

土方ら宮中派は、元老院の保守派とも提携しつつ五月二四日、内大臣三条邸に参集し、三条に「宮内省中の改革」や「輔導の道」を強く迫った。宮中派の面々は、伊藤の強力な宮中介入から「玉」を死守しようと盛んに運動したのである（『尾崎三良日記』）。

この頃、伊藤の政権運営にも暗雲が立ち込めていた。伊藤は井上外相ともども進めていた欧化政策だけにとどまらず、首相と宮内大臣との兼務が「宮中と府中の別」を紊乱《びんらん》するものとの批判を浴びた。これをかわすため同月二九日、伊藤は辞表の奉呈に及んだ。辞職をにおわせるのは伊藤の常套手段であった。伊藤はまたしても辞意の表明によって、天皇の信任を再確認しようとした。

しかし六月を迎えても、政権を取り巻く情勢は一向に好転しなかった。権力の集中化が進んだことで、伊藤はこれまでにも増してひとり難題に立ち向かわねばならなかった。条約改正反対運動に加えて、板垣退助の辞爵問題が伊藤をいたく悩ませた。それまで門閥打破を主張してきた板垣は、授爵の拝辞を吉井友実宮内次官に伝え、同時に三条内大臣ら各方面に働きかけるなど、憲法の起草に取り組む伊藤を煩《わずら》わせた（『伊藤博文伝』）。

板垣も当初は爵位を受ける意向であったが、大阪でかつての自由党員らに囲まれ、突如拝辞へと傾いた。固辞すべきとの世論が板垣を強く捉えて離さなかった。しかし深い叡慮により、板垣の授爵も落着した。

そこへ条約改正問題が伊藤内閣を震撼《しんかん》させた。政府は外国人判事の任用という卑屈なカードを切ってまで、条約改正交渉の進展を企図した。もちろんこれに宮中や元老院の保守派は強く反発した。同年六月一一日、土方、東久世、清岡公張《きよおかともはる》（元老院議官）らは三条邸に会し、政府の対応を「容易ならざる国辱」との認識で一致した（『尾崎三良自叙略伝』）。

また、同日の尾崎の日記には、条約改正の条款《じょうかん》に不備がみつかり、土方は宮中顧問官が一致協力してこれを問題視する方針を決定したとある。尾崎らは正面から伊藤に面会して問題点を指摘することになった。こうして、事態は俄かに緊迫の様相を呈した（『尾崎三良日記』）。

尾崎は東久世らと元老院において、また土方は宮中で有志者を募り、反政府運動を加速化させた。これに柳原も加わり、三条邸で毎月「十一日会」の開催を約した。同年七月一一日の例会には、三条、柳原、土方、東久世、清岡、尾崎の六名が顔を揃え、条約改正に反対する方針を確認した。

これに呼応して、反対世論も勢いづき、農商務大臣で保守派の谷干城が辞表とともに反対意見書を提出した。閣内からの造反によって伊藤内閣は大打撃を蒙り、やむなく伊藤は条約改正交渉の中止を決定した（「谷干城関係文書」）。内外から内閣の責任を問う声が上がると、伊藤は谷農商務大臣の後任に土方を充てることで、巧妙に保守派を牽制しようとした。

しかし、こうした人事に保守派からも批判が起こったため、やむなく伊藤は土方を宮内大臣に横滑りさせ、農商務大臣に黒田清隆《くろだきよたか》を充てた。井上馨を更迭し、伊藤は外相を兼務することになった。条約改正をめぐるこうした内閣の対応は無責任との厳しい非難にさらされた。これにより、憲法や皇室典範の起草についても先行きの不透明感が一段と増した。反対運動に土方ら宮中派が加わっていたことは、伊藤にとって油断ならなかった。

元田ら宮中派は条約改正反対にとどまらず、伊藤が首相とともに宮内大臣を長く兼務していることを問題視した。谷は兼務を「失当」としたうえ、「皇室に害ある」とも論評して憚らなかった（平尾道雄『子爵谷干城伝』）。

宮内大臣との兼務をもって「宮中と府中の別」を乱すとの批判をかわすため、伊藤は宮内大臣の後任をめぐって三条と協議した。しかし元田ら宮中派の間では、かねて国体に照らし宮中府中一体論が尊重されていたため、元田は徳望の観点から伊藤を不適任と突き上げたのである（「侍講元田手記」）。

これに対し天皇は、なおも深く伊藤を信任しており、皇室典範の制定、皇室財産の設定をはじめとして、宮中関連で改革を要するものは多々あるとして伊藤の留任を切望した。人事は二転三転したが、伊藤は宮相兼務を解かれ、外相兼任に落着した。結局、新宮相に土方を充てることで事態は収拾されたのである（『伊藤博文伝』）。

七月以降、宮中・元老院議官派は動きを活発化し、三条邸などで頻繁に会合を開いた。この勢力は三条派とも呼ばれる。確かに、その起点が三条の冷遇への反発にあったことはまちがいない。ともあれ、彼らの最大の目標は、伊藤らを牽制し、宮中・元老院議官派の影響力を増大させることにあった。

伊藤も天皇を擁する宮中の勢力拡大を警戒し、宮相の人事で妥協を図った。伊藤が再三宮中の重鎮、元田に面会を求め、協力を懇請したことが功を奏した。元田は伊藤の要望を入れ、天皇への言上《ごんじょう》の労をとった。こうして天皇は伊藤の宮相辞任を了承したのである。

伊藤は宮中関係者の中で、つねに職務を冷静に遂行しうる人材として元田と柳原に信を置いていた。伊藤にとって、毎月一一日の例会で保守派の面々と協議を重ねる柳原は、宮中や元老院の動向を把握するうえで得難い存在であった。したがって、伊藤は高輪会議以降も、柳原を皇室典範の起草作業に積極的に起用した。

明治二〇年（一八八七）五月以降、伊藤は夏島《なつしま》（神奈川県横須賀市夏島町）に所在する別荘で憲法草案の起草に本腰を入れた。そして翌二一年三月、再び皇室典範の検討に着手した。井上毅は柳原の修正案にロエスレルの意見を加え、さらに柳原の提案により寺島宗則に「皇室典範草案」の提出を求めた。これを伊藤と井上は同年三月二五日、検討に付した。

この年四月を迎えると、井上が作成した「枢密院御諮詢案《すうみついん》」は、宮内大臣や内大臣らに回覧された。同じ頃、東久世の日記からは、くだんの十一日会が開催され、三条内大臣、土方宮内大臣、柳原、清岡らが集まり、皇室典範をめぐり議論が戦わされた様子がうかがい知れる。同年五月一九日付の尾崎の日記にも、三条邸で皇室典範内会議が催され、土方、東久世、柳原、清岡らが列席したと記されている（『尾崎三良日記』）。

すでにみたように、柳原は皇室典範の完成に向け、宮中と府中を媒介しつつも「宮中と府中の別」という原則に立ち、両者の関係を調整する立場にあった。柳原は前年の秋頃から、立憲制樹立をめぐる「大宰相」伊藤の構想を質していた。明治二〇年（一八八七）一〇月二五日付の伊藤宛の書簡において、柳原は「将来施設の高案拝聴仕度《したく》（将来政府の構想をうかがいたい）」として、以下のように綴った（『伊藤博文関係文書』）。

今一層政体を明晰《めいせき》にし権限を区別し官吏をして規則に就かしめ、要之《これをようする》に国会未立《いまだたたず》して国会猶立《なおたたず》、憲法未定《いまださだまらず》して憲法猶定《なおさだまらず》の方嚮《ほうきょう》に於漸《ようやく》に憲法政治慣れしめ大勢の機運に対応し、而《しこう》して深く帝室人民の安全を図り危道《きどう》に陥らさる様《よう》渴望候。

いま一層、政体の構想をわかりやすく示し、政体を構成する官吏の権限や規則を説明し、国会開設や憲法制定に先立ち、いかにようやく憲法政治に慣れさせ、深く皇室と国民の安全を企図し、危険な道に入り込まぬよう強く望む、というのである。

柳原はその他の諸案件を議するため、官邸での面談を伊藤に求めた。加えて同年一二月三〇日、伊藤に書簡を送り、別紙として「内密懇願書」を封入した。柳原はそこで覚悟のうえ元老院や宮中について提言し、そうした存在が皇室諸制度を起草あるいは諮詢するうえで有益なことを主張した。

翌二一年（一八八八）三月以降に皇室典範の起草作業が進展すると、柳原は寺島との連携強化を伊藤に促した。ついで五月一九日、皇室典範を枢密院会議に付託するとの報に接した柳原は、伊藤に隔靴掻痒《かっかそうよう》の懸念を伝え、面談を希望した。同月二一日に柳原と尾崎が、そして二二日に東久世と三浦がそれぞれ懇談した。このように、伊藤と保守派のせめぎ合いが続いていた。

東久世日記の五月二三日条によれば、有栖川宮熾仁親王邸に伏見宮貞愛《ふしみのみやさだなる》・北白川宮能久《きたしらかわのみやよしひさ》の両親王や三条、柳原らが参集し、皇室典範の検討が進められた。枢密院会議に先立ち、検討会は翌二四日、柳原が伊藤に送付した「欽定《きんてい》皇室典範」をめぐって開かれた。明治皇室典範の大綱はすでに高輪会議で定まったが、なお宮中派などの広範な支持調達が必要であった（島『近代皇室制度の形成』）。

五月二五日、天皇が自ら枢密院に臨御《りんぎょ》のうえ、皇室典範が諮詢された。そこには、伊藤議長、寺島副議長の下、三条・元田・吉井・東久世・佐佐木・土方ら保守派も枢密顧問官として顔を揃えた。

保守派は土方宮内大臣の枢密顧問官起用に執着したらしく、これに先立ち三条を通じて五月八日、伊藤に念を押す書簡を送った。同月三一日、宮内省に帝室制度取調局が設置され、委員長に柳原、委員に尾崎が任命されるなど、保守派への配慮が加えられた。

枢密院会議での皇室典範の審議を前に、条約改正をめぐり伊藤と井上毅の間には対立が生じていた。前年から井上は、条約改正のための極端な欧化政策が、法律上においては憲法と矛盾するとして反対の態度を鮮明にした。井上が皇室典範のみならず、憲法の起草においても中心人物であったことから、事態はより深刻化した（『井上毅傳』）。

この頃、憲法構想をめぐる伊藤と井上の考え方の違いがしだいに表面化した。伊藤の主導下に明治二〇年（一八八七）八月、総理秘書官の伊東巳代治を中心に憲法修正案、いわゆる夏島草案がまとめられた。しかもこれに対し井上が提出した逐条意見は、両者の見解の相違をより一層際立たせることになった（稲田正次『明治憲法成立史』）。

同草案の天皇と内閣の関係をめぐる両者の対立は、「宮中と府中の別」とも密接に関係する。立憲君主国の憲法には多くの場合、君主が政治的判断を下さない原則が謳《うた》われていた。草案のうち第四条がそれにあたる。草案の検討過程で伊藤は、天皇が大政を総攬するにあたり「諸大臣ノ輔弼」を必要とし、第六条にそれを規定した（『伊東巳代治関係文書』）。

夏島草案第七〇条は「行政権ハ帝国内閣ニ於テ之ヲ統一ス」と謳った。すなわち、あくまで行政権の主体は内閣にあるとされた。こうした規定はそれに先立つ井上の甲案や乙案、ロエスレル案のいずれにもみえず、のちに伊藤により加筆されたものである。伊藤は、天皇が政治を恣意的《しいてき》に動かすことなく、内閣が政治にあたるべきと考えた（坂本『伊藤博文と明治国家形成』）。

明治憲法体制下の天皇と政府の関係はどうあるべきか。「宮中・府中一体」を追求する立場からは、政府が天皇に代わって政治の主導権を握ることには疑問が呈された。「宮中と府中の別」に沿って天皇の政治介入に否定的な見地に立てば、大臣の輔弼は積極的に受け入れられよう。これが井上と伊藤との大きな違いであった。つまり前者の立場はすでに他界した岩倉にも通じる。

このあと、皇室典範が無事に成立した背景には、明治憲法の制定が成功したと同様の要因が作用していたと考えられる。そうした要因の分析にはすでに十分な研究の蓄積がある。ここではわけても保守派の支持調達の面に注目したい。

憲法と皇室典範の最終的な審議、決定の場は枢密院会議であった。枢密院会議は明治二一年（一八八八）五月二五日に開会され、天皇親臨の下、皇室典範と憲法が伊藤議長をはじめとする前掲のメンバー（六〇頁）により審議された。伊藤がまず皇室典範の逐条的説明を行い、ついで井上書記官長がこれを補足し、議事は伊東、金子両書記官が筆録した。

これに先立ち、伊藤は皇室典範の草案や関係法規の調査のため、枢密院会議とは別に臨時帝室制度取調局を設置した。同局の取調委員長には賞勲局総裁の柳原が充てられた。柳原は五月二四日付で伊藤に書簡を宛て、皇位継承をめぐる争議を避け、皇室財産が議会の干渉を受けないよう配慮した経緯などについて振り返った（宮内公文書館所蔵「帝室制度書類雑纂」、『伊藤博文関係文書』）。

周知のとおり、伊藤は天皇を「立憲君主」として制度化しようとしたが、天皇の伊藤への信頼は揺らがなかった。天皇は欠かさず枢密院会議に出席し、熱心に審議に臨んだ。その分伊藤は、民権派に対抗しつつ保守派の動きに目を光らすことができた。伊藤は天皇に影響力を有する宮中派を警戒し、皇室典範にその支持を調達すべく柳原や元田を通じて柔軟に対応した。

一方、保守派も皇室典範の起草をめぐって、それまで同様に十一日会を開催した。柳原とともに元老院と宮中の架け橋となっていた尾崎については、以下自叙伝よりも客観性の高い日記をみておこう（『尾崎三良日記』）。

日記によると、明治二一年（一八八八）一月一一日午前、元老院に出仕した尾崎は午後、官邸で土方宮相に会い、そのあと三条邸での十一日会に臨んだ。この日の例会には、三条内大臣と尾崎のほか、東久世元老院副議長、柳原、清岡らが参加した。

翌二月も十一日会が三条邸で開かれ、三月の例会は尾崎自身が風邪《かぜ》のため臥《ふ》せり、東久世に書面を宛て三条邸での例会を欠席した。四月の例会は柳原邸で開催され、土方、東久世、清岡らが出席した。五月の例会は三条邸で開かれ、同月の枢密院会議を前に、枢密顧問官となった東久世をはじめ柳原、清岡らが顔を揃えた。

前述のように、五月三一日、尾崎は柳原とともに臨時帝室制度取調局に配属された。加えて、東久世は枢密顧問官専任となり、空席の元老院副議長には柳原が補充された。全体として、宮中や元老院の保守派への手厚い配慮が見受けられ、保守派の支持を調達することで枢密院会議における皇室典範の審議を円滑に進めようとする意図が読み取れる。

こうして、皇位継承について草案修正のないまま、明治皇室典範は翌二二年（一八八九）二月に裁定され、成立した。その起草過程は紆余曲折の連続であったが、伊藤は柳原を通じて宮中と元老院の保守派を巧みに取り込み、あるいは賢明な妥協を重ねて難局を乗り切った。この間、伊藤が主導権を握ったことはまちがいないが、政府と宮中を架橋し、宮中派と元老院の保守派をまとめた柳原の手腕は評価されねばならない。

第二章　戦後の皇室典範制定

一、皇室の命運と知日派の台頭

現行の皇室典範は、戦後まもなく連合国の占領統治下に一九四七（昭和二二）年五月三日、日本国憲法とともに制定、公布された。現行憲法は米国を中心とする連合国の意向を踏まえて、米国務省やダグラス・マッカーサー元帥率いるGHQ（連合国最高司令官総司令部）民政局の確固たる方針に従って制定された。

一方、近年の日本における皇位継承問題や「生前退位」の問題をみても明らかなように、現行の皇室典範には多くの矛盾が内包されている。こうした矛盾を抱える法律に依拠した皇室制度は今日、深刻な制度疲労を露呈している。その原因は、戦後の皇室典範が安易に戦前の皇室典範を踏襲した結果、新憲法との間に致命的な不具合を生じているからにほかならない（拙著『天皇・皇室制度の研究』）。

戦後に構築された象徴天皇制と皇室制度の関係を探究するためには、戦中・戦後の米国務省内部における「天皇制保持論」と「天皇制廃止論」の激しい対立が占領期の憲法改正や皇室典範の成立にいかなる影響を与えたかを検討する必要がある。エドウィン・O・ライシャワーやジョセフ・グルーら知日派の天皇制保持論は、現行憲法のみならず皇室典範の起草に大きな影響を与えている。

戦後GHQの占領統治が開始されてからも、天皇制の取り扱いをめぐる議論はかまびすしく、容易に方向性が定まらなかった。一九四五（昭和二〇）年七月のポツダム宣言の趣旨を踏まえて、統治システムのあり方については日本国民の自由意思が尊重されることになった。しかし、ために天皇制のもつ非民主的要素の排除が不十分となったとの批判も聞かれた。ドラスチックな憲法改正と旧態依然の皇室典範が同時に成立、見直されず今日に至ったことは大きな矛盾を露呈する結果となった。

本章ではそうした基本的矛盾を放置した政治の不作為、わけても制度疲労の著しい皇位継承と「生前退位」の制度を中心に考えてみたい。

一九四五年八月に進駐してきたGHQは、戦後の日本を民主化、非軍事化するため、占領改革を強力に推進した。もちろんかつて「皇室の家法」とされた明治皇室典範も、特別法として取り扱われることはなかった。

現行憲法が第一章に天皇の章を設けたことには、大きな意味がある。そこからは、長きにわたる臣民教育により培われた日本人の「国体」意識への配慮と新たに象徴天皇制を導入しようという米国の決然たる意思が読み取れる（ケネス・ルオフ『国民の天皇』）。

とりわけ現行憲法の第二条に規定された「世襲」による皇位の継承は、皇統をめぐる日本の伝統や歴史、日本人の心情への深い洞察に基づく米国の日本研究の水準の高さを示す一証左といってよかろう。その中核を担ったのがハーバード大学の歴史学者、ライシャワー教授である（拙著『象徴天皇制と皇位継承』）。

ライシャワーはかねてより、天皇は「戦後の日本の協力と民主化に必要」との認識を示していた。戦後の日本を健全で平和な民主主義国家に育てあげるには、「国民統合の象徴」としての天皇を最大限利用することが有用と考えたのである。本来学究であったライシャワーは当時、いかにして対日外交との接点をもつに至ったのであろうか。

ライシャワーはハーバードで教鞭《きょうべん》をとりつつ、「（一九四一年に入ると―引用者）国務省から夏のあいだ極東課で働いてほしいと依頼が届いた。戦争を回避するための外交に参加するわけだから、面白さはこっちの方がずっと上である」と率直に当時の感慨を語っていた（『ライシャワー自伝』）。

しかし当時、実力者であった国務長官特別顧問スタンレー・K・ホンベックは極東課の見解を無視して対日石油禁輸を主張するなど、米国務省は日本を開戦に追いやる方向に進んでいた。だからといって、極東課勤務がライシャワーにとって無益であったというわけではない。

在職中にライシャワーがまとめた覚書「太平洋地区における積極的包括的平和政策の採用について」を読めば、その経験を通じ同人がいかなる経緯で日本に対する関心を高めていったかがよくわかる。

一方、連合国の中にはイギリスやオーストラリアのように、昭和天皇の戦争責任を厳しく追及しようとする国々もあった。そのため天皇制の存続をめぐり賛否は大きく分かれ、激しい論争が繰り広げられていた。戦時中から米国務省内でも、天皇制を存続すべきか、廃止すべきかをめぐり意見が対立していた。

天皇制の存廃をめぐる「天皇制の取り扱い（Treatment of Institution of the Emperor of Japan）」について考えるうえでは、まず米国務省内外の激しい論争を十分に理解しておく必要があろう。

先学の古典的研究により、「天皇制の取り扱い」をめぐる意見の分布や対立軸はかなり明らかにされてきた。「天皇制廃止論」と「天皇制保持論」という端的な対立の構図がそれである（武田清子『天皇観の相剋』、中村政則『象徴天皇制への道』）。

「天皇制廃止論」が拠《よ》りどころとする天皇観とは、天皇は現人神《あらひとがみ》であり、それは日本人の民族的優越性を示し、日本の対外進出と軍事侵攻を必然的に正当化するものであった。ここから開戦を命じた昭和天皇の戦争責任が問われかねなかった。しかし明治国家が創出した「国体」は、天皇と臣民、天皇と国家諸機関を分かちがたく結びつけた。

明治憲法体制下の国家主権は政治権力と精神的権威をともに兼ね備え、主権者である天皇は絶対的価値を体現していた。明治国家はその正当性の根拠を「国体」として内に秘めていたのである。

日本の大陸進出によって辛酸を舐《な》めた中国の孫文《そんぶん》の子で、当時立法院長であった孫科《そんか》が一九四三年（昭和一八）一〇月、三日間にわたり重慶《じゅうけい》の英字新聞「ナショナル・ヘラルド」に発表した著名な論考「ミカドは去るべし」は、「天皇制廃止論」をいたく刺激し、勢いづかせた。同論考を通じて、孫科は天皇への崇拝が日本の侵略戦争を後押ししたとの立場から、「ミカドは去るべし」と強く主張したのである。

孫科はついで、「日本を占領し、天皇を退位させ、追放したとき、ファシズムのために多年にわたり苦しんできた国に民主的制度を導入し、これを発展させるための管理・助言機関を設けることが連合国、とくに米国と中国の任務となるであろう」と述べ、日本の被治者にも一定の理解と配慮を示した（山極晃ほか編『資料日本占領1　天皇制』）。

孫科の論文が掲載されたその翌月、中国の研究者、B・A・リューも『現代中国』第三巻一二号に同名のタイトルの論文を寄稿し、パリ不戦条約の「人民の名に於いて」との規定に依拠して「天皇との講和はありえない」とし、「天皇が与えた莫大《ばくだい》な損失」にふれ、天皇の排除をあからさまに主張した（『日本占領1』）。

一方、国務省内にはコーデル・ハル国務長官の下に、ジョセフ・C・グルーやジョセフ・W・バランタインのほか、前述のライシャワーのような知日派がおり、「天皇制保持論」が主張されていた。グルーは日本が再び世界平和の脅威とならないよう、短い時間と少ない動員により日本の秩序を回復するために天皇の存在は有用であるとして、いわゆる「女王蜂《じょおうばち》論」を展開したことは広く知られている（中村前掲書）。

グルーはこれに先立ち、戦後計画委員会（PWC）に自ら進んで、一九四三（昭和一八）年末にイリノイ教育協会が開催した、かのシカゴ演説について報告した（『日本占領1』）。

わが国には、神道は日本の諸悪の根源であると信じている人々がいます。私はそれには賛成しかねます。軍国主義が日本に跳梁跋扈《ちょうりょうばっこ》するかぎり、軍事指導者は、軍国主義と戦争の功徳《くどく》を強調するため、過去の軍国的英雄の霊に対する尊崇を力説することによって国民の感動性と迷信性に訴えるという方法で神道を利用するでしょう。軍国主義が滅びたとき、そのような力説もまた聞かれなくなるでしょう。神道は必然的に天皇への尊崇を意味するものであり、したがって、ひとたび日本が軍部に支配されない、平和志向の統治者の盾に守られるならば、神道のもつそういった側面は、再建後の日本において資産となることはあっても、負債となるはずはありません。

シカゴ演説は、神道こそが日本の天皇崇拝や軍国主義の宗教的源泉と理解していた大多数の米国人を驚愕《きょうがく》させた。軍国主義が滅びれば、神道による天皇崇拝は、再建後の日本にとって負債どころか、資産となりうるとするグルーの主張は受け入れられず、当時多くのメディアはこれを激しく批判した。

日本が軍国主義を一掃すれば、戦後の再建において神道は資産となっても負債となることはないとする理由をグルーは説明していないから、批判されて当然であろう。演説についての報道内容もあまり正確とはいえず、グルーも報道には大変不満で怒りを露《あら》わにしていたが、コーデル・ハル国務長官の指示もあって、グルーが以後公衆の面前で「天皇制」について演説することはなくなった。

一九四四(昭和一九)年一一月下旬、極度の過労から重病を患ったハルは在任一二年に及んだ国務長官の職を辞し、その後任に日本の事情に疎いエドワード・ステティニアスが就任した。そのため、国務次官には知日派として知られるグルー極東局長が昇格する人事案が提示された。

だが、上院での承認は予想外に難航した。『フィラデルフィア・レコード』誌のように、グルーが昭和天皇と取引しているかの如く報じるメディアもあった。グルーが対日占領政策に天皇を利用しようとしているとの風評も広まり、グルーの品格や資質に疑問を抱かしめたのである。依然として、シカゴ演説は尾を引いていた。

グルーの評価は一気に低下し、米上院は同人事案を外交委員会に差し戻した。委員会の聴聞会が開かれ、そこでグルーが陳述したのが有名な「女王蜂論」であった。グルーはこの陳述によって、シカゴ演説による劣勢を大きく挽回《ばんかい》することになった。

「天皇制は日本社会を安定化させる唯一の安定要素」との見方を示したグルーは、天皇を多数の働き蜂によって奉仕される女王蜂にたとえた。もし蜂の巣から女王蜂を取り除いたら、その巣は崩壊すると説明したのである。この実にわかりやすいたとえ話は議員らの理解を促し、同年一二月一九日に至ってグルーはようやく国務次官に就任した。

グルーの天皇観には卓越した側面があり、米国の対日占領政策の策定に大きく貢献した。グルーはPWCによる対日計画の検討作業に少なからぬ影響を与えた。ライシャワーやグルーら国務省内知日派の見解がその後、マッカーサーによる対日占領統治に理論的基盤を提供したといっても過言ではない（『ハル回顧録』）。

多少ふり返れば、一九四四（昭和一九）年五月一日、グルーは極東局長に就任し、国務省中枢で対日占領政策の形成にコミットできる立場にあった。そして同月九日、PWCにおける「日本―政治問題―天皇制」の作成も最終段階を迎えようとしていた。この文書では、「天皇制と軍政との関係」について検討が加えられた。

グルーは局長就任の半月後、密《ひそ》かに温めていた『滞日十年』の刊行に漕ぎつけた。有力な親中派、ホンベックの在任半年での交代と後任の極東局長へのグルーの起用は、ワシントンの極東委員会を震撼させずにおかなかった。しかもグルーの配下にバランタインら知日派が集められると、俄かに国務省内外では危機感が拡《ひろ》がった。

一方、親中派の雑誌『アメラシア』は反日的立場から、『滞日十年』の出版を捉えて「新しい極東政策か?――日本対中国」とリベラル・サイドから強くこれを牽制した。また、同誌はグルーを評して、同人は天皇制の有用性を前向きに捉え、神道についても寛容であるばかりか、いわゆる日本の穏健派に対しても親和的であり、実に危険であると難じた。

グルーが『滞日十年』に記した内容がたとえ国務省の戦略の一環であろうと、この日本滞在記にはグルーの想《おも》いが何ら込められていないのだろうか。それを理解するには、同書の「序言」(一九四四年一月付)にグルーが記した文章の中から真意を汲《く》み取《と》ることが求められよう。そこには次のように記されている。

私がこの前出した本「東京報告」は、もともと米国の人々に日本の軍機関がどれほど強い性格のものであるかを知らせ、わが国に広く伝っているあの敵国の精根と戦闘力と維持力を低く評価する誤解を正すことを目的としたものである。（中略）もし私が、戦争を欲せず、合衆国、英国その他の連合国家を攻撃することが如何に愚劣であるかを知り、軍国主義的極端分子が力の及ぶ限り向う見ずな、自殺的な侵略に突進するのを、阻止しようとした多くの人々が現に日本にいることを、深く読者の心に感知させ得ないとしたら、その目的の一つを遂げないことになる。

グルーの文章を読む限り、日本の軍機関や戦闘力の過小評価に異を唱えており、向こう見ずな戦闘や自殺的な侵略を阻止しようとする日本人の存在に注意を喚起している。グルーは対日方針において、日本が再び世界の平和にとって脅威とならないよう配慮した。

グルーはそのうえで、最終的に天皇（制）を維持するか、それとも廃止するかは日本国民が決定すべきであると繰り返し主張した。やはり同書には国務省の戦略的意図だけではなく、グルーの対日観と適切な対日方針が記されているとみてよいであろう。

ＰＷＣがグルーに助言を求めたのは、戦後の日本で占領軍がいかに天皇の存在意義を捉え、天皇と天皇制に対してどのように向き合ったらよいかということであった。グルーは昭和天皇の戦争責任を回避することの難しさを認めつつも、天皇を占領の「協力者」に位置づけることで、将来日本が「民主的な立憲君主国家」となると展望していた（武田『天皇観の相剋』）。

こうしてまとめられたPWC文書は、「天皇はすべての権威の発する源泉であり、神聖不可侵とみなされている」として、軍国主義を日本から一掃するため軍部と天皇を切り離すよう求めている（『日本占領1』）。

つづく勧告でも、占領軍が柔軟に天皇および天皇制に対応しうるように配慮された。こうした柔軟さは現実的な対応を考慮しただけではなく、「天皇制廃止論」の存在をも強く意識したためであろう。米国務省内で天皇に対する見方が相互に真っ向から対立する二大勢力が拮抗《きっこう》していたことは、より妥当な日本の戦後計画の策定に大きく貢献したと考えられる。

米国はもとより、ポツダム宣言受諾に対する日本の意向に鑑《かんが》み、日本政府が天皇制の維持、すなわち「国体護持」を死守しようとすることを予期していた。すでに一九四四（昭和一九）年五月の段階で、PWCは前述の「日本－政治問題－天皇制」と題する文書をまとめるため、極東局にグルーをはじめ多くの知日派を動員した。

この文書には、端的に日本人の天皇観が記されていた。同文書には「日本国民は現在、天皇に対してほとんど狂信的、献身的な愛着をもっている」との認識が示され、外側から天皇制を廃止しようとする試みには効果がないと述べられていた。その趣旨は、「女王蜂論」を唱えたグルーの考え方にも相通じるものであった。

二、占領統治と「国体護持」をめぐる攻防

天皇制の存廃をめぐる論争は終戦後に持ち越された。占領統治が開始されて後も、「天皇制の取り扱い」をめぐり攻防が繰り返された。それを端的に示す国務省部局間極東地域委員会（ＩＤＡＣＦＥ）の一九四五（昭和二〇）年一二月一一日付文書がある。

同文書は一週間後の修正文書からみて、ライシャワーにより起草されたとみられる。文書の内容は国務、陸軍、海軍三省調整委員会の報告で、「日本の天皇制の取り扱いに関する政策の定式化」についての結論が記されている（「資料１５６」『日本占領１』）。

この「天皇制の取り扱い」と題するＩＤＡＣＦＥ文書にはまず、「日本国民は、もし彼らが望むならば、君主政体を保持することを許されるべきである」と記されていた。さらに同文書は「もし日本国民が皇位を完全に廃止する意思を示した場合は、最高司令官は共和国の樹立を促し、これを援助すべきである」と続く。すなわち天皇制の存廃については、あくまで日本国民の意思が尊重されたのである。

ＧＨＱが進駐してまもない占領初期には、いまだ「天皇制廃止論」が対日占領政策の基調をなしていた。米国政府は一九四五年八月二九日、正式に戦後政策立案委員会（ＳＷＮＣＣ）

作成の文書を連合国軍総司令官ダグラス・マッカーサー元帥に伝えた。

翌九月、マッカーサー元帥がジェームズ・バーンズ国務長官に対して日本の専門家の派遣を要請すると、グルーらの意見は無視され、中国の専門家で親中派のジョージ・アチソンが起用された。

ここで注意を要するのは、親中派にも温度差があったということである。ジョージ・アチソンならぬディーン・アチソンも同じ親中派で立場はバーンズに近かったが、グルーら親日派とも交流していた。確かに「天皇制廃止論」と「天皇制保持論」は対立していたが、いずれの論に立つ人々にも単純な対立関係を想定すると本質を見誤ることになろう。

それは『アチソン回顧録』からも読み取れる。たとえば憲法改正についても、ディーン・アチソンはバーンズ長官からの指示に従って、まず「天皇制廃止論」を優先したが、これに補足条項として「天皇制保持論」を加えた。

それは明らかに、戦後日本の政治形態は日本国民の自由意思により決定されるとしたポツダム宣言案に矛盾していた。天皇制の負の側面を重視したバーンズは、天皇制をプラスに評価するグルーやスティムソンらの案を採らず、結果としてポツダム宣言案に天皇制についての言及を見送った。

この点は、憲法問題調査委員会（松本委員会）の事務局スタッフ、大友一郎《おおともいちろう》による当時の関係文書からまとめられた「大友一郎講義録」に明確に記されている。ハリー・S・トルーマン大統領の一任を取りつけたバーンズは「天皇制の取り扱い」について明確なビジョンをもたず、米陸海軍の意向を無視してポツダムに乗り込んだ（庄司克宏編『日本国憲法の制定過程――大友一郎講義録』）。

心配を募らせながら東京の様子を注視していたグルーも、東京の政治顧問部のマックス・ビショップにポツダム宣言との矛盾を指摘するとともに、「日本人は一つの社会安定要素として天皇制を保持したほうがよい」との考えを伝えていた。後者がかつてグルーの唱えた「女王蜂論」を踏まえていることはいうまでもない。

前掲のIDACFE文書の作成者にはマッカーサー元帥が想定されることもあるが、少なくともその作成者が親日・知日派の意見にも耳を傾ける柔軟な考えの持ち主であったことはまちがいなかろう。

「日本国民がすすんで天皇制を廃止する見込みがきわめて薄い」との見通しや、「最高司令官は、日本の天皇制の究極的役割について意思決定をするための時間を可能なかぎり十分日本国民に与えるべき」とした文言もそうした想定を後押ししていた。そして意思決定に時間をかければかけるほど、「天皇制に対する自由主義的にして、かつ開明的な態度が育つ」とも論じている（「資料解題」『日本占領1』）。

この文書をめぐっては、実に多種多様な見解が表明された。なかにはライシャワーら国務省知日派が「天皇制の取り扱い」に対して寛容に過ぎ、結果として明治憲法の定める天皇制のもつ非民主的要素、たとえば天皇の神格化や「統治権ノ総攬」といった要素の排除を日本にしっかりと明示しなかったと指摘された。

一九四五（昭和二〇）年一〇月一五日付の国務省日本部長ディコーヴァーの意見書では、日本の「皇帝制度」について、明治憲法第一条、第三条、第四条の見直しによりその性格を変更するよう求められていた。この意見は国務省内で支持され、大きな影響をもったとみられるが、それだけ天皇大権を否定するために第四条（「統治権の総攬者」）の改廃には不安が残っていたということであろう（原秀成『日本国憲法制定の系譜Ⅱ』）。

憲法学者の原田一明氏も、現行憲法第七条に規定された国事行為は「明治憲法下の天皇の権能の列挙事項を前提としていた」とする。明治憲法には、天皇の大権事項として、法律の裁可、緊急勅令の制定、独立命令の制定、議会の開会・停会、衆議院の解散など広範な権限が定められていた（大石眞監修、縣公一郎・笠原英彦編『なぜ日本型統治システムは疲弊したのか』）。

現行憲法において国事行為を定める第七条には、明治憲法の改正手続きに際して矛盾を内包した側面が見受けられる。やはり憲法学者の鵜飼信成氏が指摘するように、憲法第六条の内閣総理大臣や最高裁判所長官の任命権や同第七条の国会召集権、衆議院の解散権には、そうした矛盾が認められる（鵜飼『憲法における象徴と代表』）。

一九四五年一〇月一一日の国務陸軍海軍調整委員会で決定し、同月一八日に事務局で作成された指令文書「日本国天皇制の取り扱い・指示（SWNCC二〇九／D）」には「日本国天皇制」を「日本国天皇裕仁《ひろひと》の身柄の処遇」とは別扱いとすることで合意が成立していた（『日本占領1』）。

同文書は冷静沈着な判断の下に、最終目的である日本の民主化の達成を確保するため、天皇制の改革についての勧告を草案に含めるべきとした。

米国政府内部では天皇制をめぐり鋭い対立が生じており、加えて「日本国天皇裕仁の身柄の処遇」は未決定であった。そのため「国体護持」を死守したい日本政府は、まさに俎板《まないた》の上の鯉《こい》といった状態にあったことはまちがいなかろう。

米国政府は当初、戦前の天皇制がもつ非民主的な要素を断固として払拭する決意を固めていた。天皇制の民主化を大前提に、マッカーサー元帥は天皇制の存続を容認していたとされる。しかしながら、結果として前述の国事行為のような民主化の不徹底な部分が残ってしまったことも否めない。

対日占領政策の基本方針が決定されると、いわゆるマッカーサー・ノートが提示された。

そこでは天皇の地位は大きく転換され、血統を保持するため「皇位の世襲」が認められていた。天皇の権能が憲法に明確に規定され、その地位は新たに主権者となる国民の意思に基づくこととされた。

ＧＨＱは天皇制の存続を容認する方針を採ることによって、占領改革をより一層円滑に推進しようとした。天皇制をできうる限り民主化するため、ＧＨＱは皇位継承をはじめ多くの皇室に関する重要事項を主権の存する日本国民の代表により構成される国会の統制下に置くことに強くこだわった。同様に、ＧＨＱ民政局長の手元のメモにも、こうした方針を徹底するため、皇室典範は国会が制定する旨が記されていたとされる。

これを受け、ＧＨＱが日本政府に提示した総司令部案（マッカーサー草案）には早くも、「皇位は世襲のものであり、国会の制定する皇室典範に従って継承される」と記されていた（針生誠吉・横田耕一『国民主権と天皇制』）。

なお、外務省はこれを「第二条　皇位ノ継承ハ世襲ニシテ国会ノ制定スル皇室典範ニ依《よ》ルヘシ」と訳した。日本政府は、皇室典範は国会が制定するというＧＨＱの確固たる方針を受け入れた。日本側にはマッカーサー草案を大幅に変更するだけの力量も時間的余裕もなかった。

周知の通り、その後日本国憲法の第二条には、皇位の継承について「皇位は、世襲のものであって、国会の議決した皇室典範の定めるところにより、これを継承する」と規定され、今日に至っている。

「国会の議決した皇室典範」という立法趣旨やその成立事情に鑑み、二〇一七（平成二九）年の皇室典範特例法（退位特例法）の制定においても、皇室典範の付則に根拠規定が盛り込まれた。憲法第二条の規定を尊重し、事実上の皇室典範改正に近い立法措置が講じられたことは記憶に新しい。

GHQは新憲法に「国会の議決した皇室典範」と謳《うた》うことに終始こだわり、皇室の自律性に固執する松本烝治《まつもとじょうじ》国務相ら日本政府の要求をことごとく退けた。GHQ民政局作成の「日本の新憲法」によれば、松本草案は「天皇制度はそのまま残り、しかも議会による立法を必要としない皇室典範にもとづき依然運営される」という極度に保守的な内容であった。

日本政府は明治皇室典範と同様に、皇室の自律性を確保するため、皇室典範を議会から切り離そうとGHQとの交渉を重ねた。しかし、皇室典範の法形式を改めようとするGHQ側の姿勢は固く、日本側の主張はことごとく押し返されたのである。

それでもなお、皇室の自律性を確保しようと巻き返しに懸命な松本に対して、コートニー・ホイットニー民政局長は「皇室典範は国民の代表者によって承認されない限り効力を生じないものとせねば、国民が至高だとは言えない」とこれを撥《は》ねつけた。チャールズ・ケーディス陸軍大佐も英王室を例に挙げつつ、「天皇も法の下にある」との認識を示したとされる（芦部信喜・高見勝利編著『日本立法資料全集1　皇室典範』）。

しかし、GHQ案を日本側が修正した一九四六（昭和二一）年三月二日付の憲法改正仮案の第一〇六条には、「皇室典範ノ改正ハ天皇第三条ノ規定ニ従ヒ国会ニ提出シ法律案ト同一ノ規定ニ依リ其ノ議決ヲ経《ふ》ベシ」とし、なおも天皇の皇室典範改正発議権が盛り込まれていた。

こうした皇室の自律性を求める日本政府の度重なる抵抗もむなしく、皇室典範を国会の制定する憲法の下位法とすることで国民主権の実質化をめざしていたGHQにより、日本の要求は無効と判断された。

以上のように、象徴天皇制を構築するにあたって、グルーのいう「女王蜂論」は大きな説得力をもっていたといえよう。「女王蜂論」は、その時代に限定される比喩《ひゆ》ではない。「日本の社会にあって天皇は女王蜂と同様に統一と社会的安定を保持する存在である」とするグルーの言は、現代の日本社会にも適合する普遍的な洞察といってよかろう。

それこそがまさに、新憲法が定める象徴天皇制の存在意義であったといっても過言ではない。現行憲法の定める象徴天皇の理念や機能は、国家、国民の統合と社会の安定（社会秩序の維持）ということになろう。こうした天皇観は、古くは福沢諭吉の『帝室論』において説かれ、憲法第一条にも謳われることになった。

三、現行皇室典範が抱えた矛盾――皇位継承と退位

国務省が中心となって策定された日本の戦後計画においては、「天皇制の取り扱い」をめぐり日本国民の意思が尊重されていた。その後もGHQの指令などからも明らかなように、連合国側は国民主権を基本とする象徴天皇制の導入について一歩も譲らなかった。

GHQが進駐してまもない一九四五（昭和二〇）年一〇月四日、マッカーサー元帥は日本政府に対し憲法改正を指示した。組閣早々の幣原《しではら》喜重郎《きじゅうろう》内閣は、やむなく憲法の改正作業に取り組む覚悟を固めた。マッカーサーはGHQに協力的な幣原を評価していたといわれる。

新たに松本烝治国務相の下に憲法調査会が設置され、同月下旬には改正作業が開始された。ところが、翌四六（昭和二一）年二月一日、なんと憲法改正試案が毎日新聞によりスクープされるというハプニングが起きたのである。

流出した草案は、憲法問題調査委員会において新憲法制定に寄与した東大の憲法学者、宮沢《みやざわ》俊義《としよし》がまとめた試案、甲案にかなり似た内容であった。松本は直ちに閣議でこの試案について、「ただ研究の過程において作った一つの案にすぎない」と釈明し、了承を求めた（入

江俊郎『日本国憲法成立の経緯』)。しかし、楢橋渡《ならはしわたる》内閣書記官長は閣議後の記者会見で、「掲載せられた憲法改正案は同調査委員会の案とは全く関係ないもの」と説明、草案の流出を否定した。

こうした事態を注視していたGHQは、その事情を日本政府に照会するとともに、政府案の速やかな提出を迫った。松本の上奏を経て二月八日、政府は憲法改正要綱をGHQに提出した。

天皇制存続の方針であったマッカーサーは、日本政府が極めて保守的な憲法案を構想していることに極東委員会が反発し、ソ連やオーストラリアなどが天皇制廃止に傾くのを恐れていたとされる。GHQは俄かにマッカーサー草案の作成へと動き出していた。同月二二日に吉田茂《よしだしげる》外相や松本国務相が総司令部を訪ねた際、面会したホイットニーは、他国の「圧力から天皇を守ろうという決意」を日本側に伝えた(高柳賢三ほか編著『日本国憲法制定の過程I』)。

スクープによって白日の下にさらされた改正試案が「帝国憲法の基本理念」を踏まえたあまりに旧態依然とした内容であったことから、GHQはマッカーサーの指揮下に民政局で独自の草案を作成し、間髪を入れず日本政府に提示したのである(村川一郎編著『帝国憲法改正案議事録』)。

いわゆるマッカーサー草案を受け取った日本側の当局者の衝撃は大きかった。一九四六（昭和二一）年二月二六日、当時法制局第一部長であった佐藤達夫《さとうたつお》は松本国務相から同草案を渡され、次のようにいわれたという（佐藤『日本国憲法成立史』）。

司令部は、われわれの用意した憲法改正案を拒否し、こういうものをよこして、この案に準拠して至急日本案を作成せよといって来た。先方の意向は、多少の字句の調整はかまわないが、基本原則（ファンダメンタル・プリンシプルズ）と根本形態（ベーシック・フォームズ）は厳格に守ってもらいたい。

その案を手にした佐藤は、「飛躍的なもの」、「思いがけない内容」、「エキゾチックな条文」と記し、驚きを隠さなかった。

松本案には日本政府の甘い見通しが記されており、明治皇室典範の基本原則を維持し、皇位の継承は憲法ではなく皇室典範に定めることを想定していた。皇室典範の規定する皇室制度が議会の干渉を受けないことを当然視していたのである。よって、国会の制定する皇室典範というマッカーサー草案の内容は日本政府にとってまさに青天《せいてん》の霹靂《へきれき》であった。

GHQの態度は予想外に硬く、日本に対し譲る気配は感じられなかった。二月三日の閣議決定にあたり、政府はGHQの憲法草案に示された基本方針を受け入れざるを得なかった。なおも松本国務相は皇室の自律性を説いて、ホイットニーやチャールズ・ケーディスとの折衝で抵抗を試みたが、GHQ側は「皇室典範は国民の代表によって承認されなければ効力を生じない」として、これを撥ねつけたことはよく知られていよう。

憲法改正作業の本格化に伴い、翌三月一二日に臨時法制調査会の設置が閣議決定された。同調査会は内閣総理大臣の監督下に、憲法改正に伴う諸般の法制を整備することを目的としていた。

皇室典範や皇室経済法など皇室関係の法律は、同調査会の第一部会で審議された。部会長には金森徳次郎《かなもりとくじろう》国務相が任命された。宮内省文書課長の高尾亮一《たかおりょういち》は同部会でもっぱら皇室典範の調査・研究にあたった。法制局は、皇室典範の担当に井手成三《いでなるみ》第一部長を起用した。

一方、宮内省は三月、皇室典範改正調査会を設置した。同調査会はこの頃、憲法改正の動きに歩調を合わせながら、高尾を中心に皇室典範の改正に鋭意取り組んでいた。同月一九日に法制局長官に就任した入江俊郎《いりえとしお》は、侍従次長の木下道雄《きのしたみちお》や高尾と早速接触し、憲法と皇室典範との関係を調整した(木下『側近日誌』)。

マッカーサーは、天皇制の維持により日本国民の協力を引き出すことで、対日占領政策のより円滑な進捗をめざしていた。それではこの年前半、昭和天皇は事態の推移を踏まえて、

GHQ側の提示した憲法改正案にいかに接していたのであろうか。

昭和天皇は憲法改正に強い関心を寄せていた。一九四六（昭和二一）年二月七日の木下の日誌にみえるように、松本国務相がこの日、新憲法草案について内奏したが、天皇はその日のうちに尋ねたいことがあり、再び松本を召した。

天皇も松本の説明などを聞き、GHQが皇室財産や皇室経費に特別の注意を払っていることを理解していた。戦前は、明治憲法の註釈書《ちゅうしゃくしょ》『憲法義解』にある通り、「皇室経費は天皇の尊厳を保つ」目的で国庫より支出され、原則として帝国議会の協賛を要しなかった。戦前の皇室は莫大な財産を有し、一種財閥の如き観を呈していた。

二月一三日にGHQが日本政府に手渡した憲法草案には、第七条に「国会の許諾なくしては皇位に金銭または其の他の財産を授与することを得ず。又皇位は何等《なんら》の支出を為《な》すことを得ず」とされていた。GHQは、皇室経費が国民の負担になることを避けるべく、この点については断固として譲らなかった。そのため、GHQ案の第七条は現行憲法第八条に反映され、皇室の財産授受には国会の議決を要することになった。

同月二二日、幣原喜重郎首相は天皇に拝謁し、GHQ案につき奏上した。ついで二六日、幣原内閣はGHQ案に基づき憲法草案を起草することを閣議決定した。木下によると、天皇に手渡された「M司令部作成の日本憲法案」には、以下の二条が重要事項として記されていたという（木下前掲書）。

第一条　皇帝は国家の象徴にして又人民の統一の象徴たるべし。彼は其の地位を人民の主権意思より受け、これを他の如何なる源泉よりも承《う》けず。

第二条　皇位の継承は世襲にして、国会の制定する皇室典範に依るべし。

このように、早くもこのときGHQ側から日本政府に対して、現行憲法が規定する象徴天皇制や皇位継承の基本原則、皇室典範の法的性格が示されていた。

まずGHQ側は皇室典範の法的性格について、前掲の第二条として「国会の制定する皇室典範」を強く求めていた。政府は依然として甘い見通しに立ち、天皇に皇室典範改正発議権を付与する心積もりであった。三月四日、松本は日本側としての憲法改正草案をまとめ、終戦連絡事務局次長の白洲次郎《しらすじろう》と佐藤達夫を伴い、総司令部にケーディス、R・A・ハーシーを訪ねた。案の定、GHQ側は頑《かたく》なに「国会の制定する皇室典範」に固執した。

翌三月五日、幣原はいったん閣議を中断すると、松本とともに参内《さんだい》のうえ内奏に及んだ。天皇は「皇室典範改正の発議権確保」を下問した。しかし結果として、再開された閣議において政府はGHQの出方を慮《おもんぱか》り、天皇の意向を迎えなかった（『昭和天皇実録』）。

これに先立ち、日本政府関係者の間で不安視されていたのは、やはりGHQが厳しい態度を示している皇室財産の取り扱いであった。天皇も気になるらしく、木下侍従長に皇室財産下付の手続きを進めるよう督促していた。木下は幣原から得た情報として、「政府では皇室財産の全体像を知らず、御下付による皇室財政の窮乏を恐れている旨」を言上した。

政府は一九四六（昭和二一）年四月一六日に憲法改正草案を閣議決定すると、帝国議会に提出し、併せて枢密院にも諮詢《しじゅん》した。枢密院ではまず皇室典範の法的性格が審議された。枢密院の審議においては、松本国務相が政府としてはGHQに特別の形式を要求したが入れられなかったと釈明し、皇室典範は「法律なり」との答弁を繰り返さねばならなかった。

四月二二日、枢密院は幣原首相と松本国務相の出席を得て、憲法改正草案をめぐり第一回審査委員会を開催した。冒頭、幣原首相より提案理由の趣旨説明があり、これに対し枢密顧問官の林毅陸《はやしきろく》（慶應義塾大学法学部教授）から質疑応答が開始された。

林顧問官は「憲法ノ根本問題」として、「本案ハ主権在国家、主権在民、主権在天皇ノ諸説ノ中何《いず》レノ観点ニ立ツヤ」と「右ニ関連シ天皇ノ地位如何」の二点を質した。これに対し幣原首相は、「国民トハ天皇ヲ除キテハ考ヘラレザルモノニシテ、天皇ヲ含メタル、即《すなわ》チ天皇ヲソノ中心トシテ奉戴《ほうたい》シアルモノト解ス」とした（村川『帝国憲法改正案議事録』）。

松本国務相も主権在民を当然視したうえで、日本国を主権の主体であると答弁したのである。これを聞いた質問者の林委員はいたく困惑し、容易に納得しなかった。なぜなら首相と国務相が国民と天皇、国家の関係や位置づけについて答弁が不一致であると捉えられかねなかったからである。

前述のような新聞のスクープを機に、日本政府は事実上マッカーサー草案を丸呑《まるの》みせざるを得なくなった。そのため、枢密院などの審議においても、本来の提案者でない政府が同草案の説明責任を負い、その正当性を主張するという何とも苦しい立場に立たされた。

枢密院の審議において、林はさらに重要な諸問題を政府に質した。林の質問は「国権ノ最高機関ハ国会ナリトノ明文アリ、果シテ然《しか》ラバ天皇は如何ナルモノナリヤ」、あるいは「天皇ノ御地位ハ国民ノ至高ノ総意ニ基《もと》ヅクトアリ、国民ノ総意ニヨレバ天皇ノ御退位スラモ認メラルルモノナリヤ」とあり、まさに天皇の地位を左右する重大な内容に及んでいたのである(村川前掲書)。

とりわけ林による天皇の退位をめぐる質疑は、同問題が今日再び議論の対象となったこともあり、実に興味深いといえよう。退位とは、天皇が崩御以外の原因で位を退くことをさす。古代の皇極天皇《こうぎょくてんのう》から孝徳天皇《こうとくてんのう》への譲位に始まり、幕末の光格天皇《こうかくてんのう》から仁孝天皇《にんこうてんのう》へのそれまでに、六三例が数えあげられる。けっして少ない数ではなかった。

林は憲法における天皇の地位という観点から、天皇の退位について政府に質した。それは現行の皇室典範でいえば、第一条、第二条、第四一条に規定される基本的要件に相当する。それは戦後まもないということもあり、松本国務相は「ポツダム宣言受諾以後ノ経緯ニヨリ推察セラレ度《た》シ」とか、「国会ガ天皇ノ御退位ヲ決定シ得ルヤニ付《つい》テハ、皇室典範ガ如何ニ定メラルルカニヨリ、御退位ガ規定セラルルヤモ図リ難シ」と、曖昧な答弁に終始した。

このとき、おそらく政府はラディカルなGHQの考え方に到底馴染《なじ》めず、日本の主体性を認めるポツダム宣言に一縷《いちる》の望みを託すか、いまだ未知数の皇室典範の内容で巻き返すか、先行きの見通しがきかなかった。幣原首相が同日の憲法改正草案の趣旨説明で、憲法改正の手続きをめぐり「我国《わがくに》政治の形態は、日本国民の自由に表明する意思によらなければならないことは、ポツダム宣言の明示するところ」としたことからも頷《うなず》けよう。

美濃部達吉《みのべたつきち》顧問官は松本国務相との質疑において、憲法学の立場からポツダム宣言による明治憲法の改正手続きの無効を主張したのである。また美濃部は、皇室典範とは元来「皇室の家法」であるとの認識を示し、「法律」というなら改称の必要があると陳述した。

天皇の地位というもう一つの重要な論点についても、GHQ側が提示した「国民の総意に基づく」という文言も、枢密顧問官らを困惑させずにはおかなかった。同草案は、こうした重要な問題点が決着をみないまま、臨時法制調査会と帝国議会に送付された。

臨時法制調査会は、吉田外相、金森国務相らの指揮下に、関係閣僚や省庁、議会事務局関係者や学識経験者により構成された。調査会は四部会から構成され、皇室典範などの皇室関連法案は第一部会に付託のうえ、金森部会長を中心に調査・審議が行われた。

皇室典範の具体的な立案作業を担当したのは、第一部会の小委員会であった。GHQの強い意向により、皇室典範はもはや憲法の下位法に位置づけられることが決まっていた。そのため、同調査会においても皇室典範の法的性格をめぐる審議は概して低調であった。皇室典範に規定される内容については、一九四六(昭和二一)年七月九日付の「皇室典範として考慮すべき問題」が注目される。その項目を列記すれば、以下の通りである(芦部・高見『皇室典範』)。

一、内親王及び女王に皇位継承資格を認めるか
二、庶子を皇位継承資格者より除くか
三、胎中皇子の皇位継承資格をどうするか
四、皇位継承の原因を崩御に限るか
五、皇族について永世皇族制をとるか
六、親王と王との区分を現制通りとするか

七、摂政設置並びに皇位継承及び摂政就任の順位変更等に関する審議機関として新機関を設けるか

八、その他必要と認める事項

すでに現行憲法の第二条には「皇位継承」、そして第五条には「摂政」について規定されることが決まっていた。そのため、もっぱら主要な議題として、皇位継承資格者の範囲、皇位継承事由、皇族の範囲などが審議された。このうち皇位継承事由とは第四項目の「皇位継承の原因を崩御に限るか」と問題提起され、天皇の退位が検討の対象となった。

小委員会においては、皇室典範に規定する項目について上記の八項目を中心に様々な試案が検討された。女帝容認の可否、退位の是非、庶子（非嫡出子）の皇位継承権、皇室会議の構成と権限などがそれである。いずれも甲乙つけ難い重要な案件であった。

小委員会ではまず、女帝容認の可否、すなわち皇族女子に皇位継承資格を付与すべきか否かが審議された。皇位継承については、おおむね明治皇室典範を踏襲する方向で大方の意見が一致をみた。しかし、男女平等を謳う憲法草案との関係については異論が出た。明治皇室典範制定の際と同様に、女帝の即位をめぐっては激論が交わされた。

これに先立ち、新憲法制定に貢献した東大の行政法学者、杉村章三郎《すぎむらしょうざぶろう》は以下のような独

自の意見を開陳した（芦部・高見前掲書）。

皇位継承の資格及順序

皇位継承は現行法の如く直系、男系、長子、嫡出子主義に従ふこと。但し現行法と異《ことな》り配偶者なき内親王及び女王にも継承資格を認めること。

継承資格は皇伯叔父《こうはくしゅくふ》及その子孫を最大限とする近親者であつて皇族たる男女に限定しその順位は大体現行法の標準に従ふこと。但し内親王の順位は皇男子孫の次とし、女王の順位も亦《また》これに準ずること。庶子たる皇族の継承資格は認めないこと。

杉村の意見は、いまだ戦後まもない時期とあってやむを得ない面もあろう。「配偶者なき内親王及び女王にも継承資格を認めること」とあるのは、男系継承の伝統を尊重し未婚の内親王、つまり男系女子までを容認したのである。配偶者を認めると、皇位が女系まで拡大する可能性が生まれるからにほかならない。

その後、皇室典範の要領案が作成されると、その過程で重視されていたはずの「皇位継承」と「退位（譲位）」については、明らかな後退が認められた。小委員会の関連文書には、皇位継承の資格者に女子を加えることや退位（譲位）については「考慮していない」と付記されていた。

昭和天皇の退位に道を開くことを極力避けたい宮内省は、やはり退位後野心的な天皇が政治運動に乗り出すことを警戒したGHQの意向を背景に、退位への流れを押しとどめようとした。

一九四六（昭和二一）年八月の部会においても杉村は、天皇の退位をめぐって、摂政設置の理由を「「天皇重大の事故ある場合」とし、制度上は退位を欲せられる場合には摂政設置を以《もっ》てこれに代へることとすること」とした。

その理由について、文書には「退位制認定の必要は佐々木博士始め学界出身の委員の一致して主張した所であるが、一般条文化は困難であるため摂政設置を以てこれに代へたらと思ふ」とある。杉村の意見には天皇の退位をめぐり、このあと括弧付きで「宮内省側の意見もこの意味に於いて摂政設置の理由を変更するに賛成のようである」との観測が付け加えられた（芦部・高見前掲書）。

現行皇室典範の第四条には「天皇が崩じたときは、皇嗣《こうし》が、直ちに即位する」と定められ、皇位継承は天皇崩御の際に限られた。こうして明治皇室典範に規定された終身在位制が踏襲されたのである。近世まで、譲位が皇位継承ルールとして定着していたことを考えると、これはいささか不自然との見方もあろう。皇位継承の事由として退位を認めない明治皇室典範を踏襲することに果たして問題はなかったのであろうか。

明治皇室典範は退位を認めず、皇位継承事由を崩御に限定した。これについて、『皇室典範義解』は「神武天皇《じんむてんのう》ヨリ舒明天皇《じょめいてんのう》ニ至ル迄《まで》三十四世嘗《かつ》テ譲位ノ事アラス譲位ノ例ノ皇極天皇ニ始マリシハ蓋《けだし》女帝仮摂《かせつ》（代理で政務をとること—引用者）ヨリ来《きた》ル者ナリ」とした。そして「上代ノ恒典《こうてん》ニ因《よ》リ中古以来譲位ノ慣例ヲ改ムル者ナリ」としたのである（伊藤博文『皇室典範義解』）。

『皇室典範義解』の著者とされる伊藤博文は、実に牽強付会《けんきょうふかい》な解釈によって、強引に譲位の慣例を改めた。しかし果たして、これが象徴天皇制下の皇位継承のあり方として適当か否か、議論は分かれよう。

二〇一六（平成二八）年八月八日の明仁天皇《あきひとてんのう》（現上皇）のビデオメッセージ以来、政府はいわゆる「生前退位」と取り組み、国会も衆参両院議長の斡旋により鋭意合意の形成に努め、翌一七年に皇室典範特例法（退位特例法）が成立した。その際、政府が最も深く配慮したのは、「（天皇は、）国政に関する権能を有しない」とした憲法第四条第一項の規定である。

前述の通り、現行皇室典範の起草段階における政府関係者や専門家の議論においても、「制度上は退位を欲せられる場合には摂政設置を以てこれに代へる」とされた（芦部・高見前掲書）。

こうした部会の審議にあっても、委員のうち憲法学者や法制局関係者は「退位制認定の必要」でおおむね一致していたといわれる。たとえば、憲法学者の宮沢俊義は一九四六（昭和二一）年七月、「皇室典範に関して」と題した文書の中で、「皇位継承の原因」として天皇の意思を認め、「天皇はその志望」により国会の承認を経て退位することを認めた。

しかし結果として「一般条文化は困難」であるとして、摂政制度の代用に落ち着いた。当時の宮内省もこうした考え方に賛同していたとみられる。高尾亮一の見解からも明らかなように、宮内省はむしろ退位規定を設けることに強く反対していたといえよう。それを高尾の個人的意見ではなく、「宮中の総意」とみる研究者もいる（茶谷誠一『象徴天皇制の成立』）。

退位を認めるとそれに対応して、就任の辞退も認めなければならなくなる。この見解は、近年の退位特例法の制定過程においても主張された。さらに根本的な考え方として、一九四六年七月一五日の臨時法制調査会において、部会の幹事であった外務省条約局長の萩原徹《はぎわらとおる》が提起した「皇室典範改正に関する私見」には、「尚《なお》この法律（皇室典範―引用者）は日本の根本的な規定であり、従つて日本の伝統的な考へ方を入れて作られるべきであるから、退位の規定の如きを設ける必要はない」との見解が記されていた。

果たして萩原の意見は「日本の伝統的な考へ方」といえるであろうか。むしろ幕末までは、退位（譲位）は六三例とけっして少なくなかった。明治皇室典範の制定過程においても、実際の起草作業にあたった井上毅《こわし》や柳原前光《やなぎわらさきみつ》が「譲位」の規定を設けるべきであると主張したのに対し、最高権力者である伊藤博文がこれに強く反対し、「譲位」の制度化が見送られたことは第一章で述べた通りである。

二〇一六（平成二八）年秋のいわゆる「生前退位」をめぐる議論において、筆者は退位について否定的な意見を述べた。制度上天皇と上皇が共存すると、二重権威となり、憲法が定める天皇の象徴としての国民統合の機能が低下する恐れがある。もちろん現在の徳仁天皇《なるひとてんのう》と明仁上皇とが二重権威になるといっているわけではない。あくまで制度論に過ぎない。安易な退位の制度化は法律全体の体系性・安定性を損ないかねない。

安倍晋三《あべしんぞう》内閣が設置した「天皇の公務の負担軽減等に関する有識者会議」において、筆者はこのように述べ、摂政の設置を主張した。これに対して有識者会議の構成員からは、その場合も天皇と摂政による二重権威が生じるのではないかとの指摘がなされた。

確かに摂政設置の期間が長期化するとそうした懸念がまったくないとはいえない。しかし摂政は天皇の法定代理機関に過ぎない。それは上皇と天皇による二重権威に比べれば、さして重大ではなく、二重権威化の恐れは極めて少ないであろう。

一九八四（昭和五九）年に当時八〇歳を過ぎた昭和天皇の退位をめぐる国会での質疑において、山本悟《やまもとさとる》宮内庁次長は皇室典範に退位が定められていない理由として、「上皇の弊害」、

「強制的退位」、「恣意的退位」を挙げた。制度化するには、こうした従来の政府見解を根本的に見直すことが必要であろう（園部逸夫『皇室制度を考える』）。

現行の皇室典範は憲法の下位法に位置づけられながら、明治皇室典範を基本的に踏襲したといっても過言ではない。こうして現行の皇室典範は多くの矛盾を抱えることになった。それは前述の「退位」の規定にとどまらず、「皇位継承」のそれにもはっきりと読み取れる。

同部会の小委員会の段階においては、皇位継承資格を男系の男子に限ることは憲法草案の第一四条、「法の下の平等」に抵触し、違憲ではないかとの疑義が提起された。これに対し、憲法第二条の「皇位の世襲」は第一四条の例外であるとの見解が示されてきた。いわゆる「飛び地論」がそれである。

いったん皇族女子にも皇位継承権を認めると、皇統は女系まで拡大する可能性が生まれる。しかし、かねて女系は「皇位の世襲」という観念には馴染まないとの見方もあった。よって、皇位継承資格を男系男子にのみ認めることは違憲ではないとの見解が示された。当時、これを強く主張したのは幹事の高尾亮一であった。宮沢はこれに反対し、皇位継承資格を「親王及び内親王」に限定のうえで認めた。

依然として女性天皇の即位には慎重な意見が少なくなかった。いったん女性天皇を認めるといずれ女系継承に道を開くことになりかねないが、これを国民はどう受け止めるであろうか。また、果して女性天皇の配偶者を確保することは可能であろうか。こうした懸念や疑問は、その後も皇位継承問題が注目されるたびに繰り返し議論の俎上《そじょう》にのぼることになった。

宮内省は小委員会に対し、「世襲」の観念を「伝統的歴史的観念」であるとして、「女系というふことは、皇位の世襲の観念の中に含まれてゐない」との見解を示し議論を促した。こうした小委員会の議論は、同年八月から九月にかけて皇室典範要領にまとめられ、皇位継承資格を「皇統に属する男系の嫡出男子」に限定し、「女帝、女系及び庶出は、これを認めないこと」に集約されたのである（芦部・高見『皇室典範』）。

皇族の範囲も重要な論点の一つであった。GHQは皇位継承資格者を確保しつつ、皇室財政の縮減を重視する観点から、可能な限り皇籍離脱によって皇族数を絞ろうと企図した。結果として、昭和天皇の弟である秩父宮《ちちぶのみや》、高松宮《たかまつのみや》、三笠宮《みかさのみや》の直宮《じきみや》だけを皇室にとどめ、傍系である伏見宮系の一一宮家《みやけ》五一方《かた》が皇籍を離れることになった。これにより、皇室の一体性は確保されたが、皇族は減少し男系による皇位継承を不安定化させた。

一九四七（昭和二二）年五月三日に施行された現行皇室典範は全五章三七条附則《ふそく》三項からなるが、臨時法制調査会が成案を得るにはさらに入念な検討を必要とした。その過程においては、「女帝の問題」も再検討され、両性の実質的平等、主権者でなく象徴としての天皇のあり方、皇統断絶の可能性などが考慮された。

皇位継承順位の変更についても、皇位継承争いが発生した場合の対応として、国会の積極的な役割が議論された。そのほか、「天皇に重大な事故があるときは、皇室会議の議により、摂政を置く」旨の条文についても、「重大な事故」が濫用《らんよう》されるのを阻止するため、「精神若《も》しくは身体の重患」などの挿入が提案された。皇室典範の要領や要綱は幾重にも書き直され、慎重な表現が模索された。

臨時法制調査会における審議と並行する形で、日本政府は皇室典範案をめぐるGHQとの折衝も逐次進めた。サイラス・ピークらGHQ側は改正憲法との整合性に関する意見を提示しつつ、女帝、退位、年号、養子、皇籍離脱、婚姻などについて日本側に説明を求めた。

双方の質疑は多岐にわたり、皇族の選挙権や皇室財産への課税などについても議題にのぼったとされる。皇族数に直結する皇族の範囲をめぐる規定、永世皇族制の採用に伴う財政問題にGHQは多大の関心を寄せた。したがって両者の間では、皇室典範案以上に皇室経済法案をめぐるやりとりに多くの時間が割かれたのである。

当時、皇室関係法令の立案等に携わっていた高尾が述懐するように、皇室典範に対するGHQの態度は大変寛大であった。日本政府が示した皇室典範案は皇室会議をめぐって若干の修正を受けたのみで、ほぼ無修正に近い形でGHQの了解をとりつけたのである。それは何といっても、米国が多大の関心を払っていた皇室財産の処理をめぐって、前述のような皇室経済法を別立することでその意向を存分に迎えたからにほかならない。

国立公文書館所蔵の宮内省文書には、一九四六(昭和二一)年四月一一日付で松平慶民《まつだいらよしたみ》宮内大臣が幣原首相に宛てた「皇室財産ノ開放ニ関スル件」なる書類がみえる。文書には、「天皇陛下ニ於《おか》セラレテハ予《かね》テ皇室財産ノ大部ヲ開放シ之《これ》ヲ民生ノ安定及《および》生産ノ振興ノ為ニ使用セシメム」との思し召しがあり、政府は「連合軍《れんごうぐん》司令部ト交渉シ最高司令官トシテ之ニ異議ナキ旨ヲ確《たしか》メ思召《おぼしめし》実現ノ途《みち》ヲ開キ得タ」と記されている(国立公文書館所蔵「公文類聚《こうぶんるいしゅう》」)。

こうして皇室典範は憲法の下位法として国会の議決により成立した。もっとも新憲法同様に既存の手続きを踏まねばならなかった。一九四六年一〇月、臨時法制調査会より幣原首相に答申された法案は翌月枢密院に諮詢され、同審査委員会の議を経て同年一二月、議会に提出された。

現行憲法下の皇室典範が国会の議決を要する一つの法律となった。憲法の理念が大転換を遂げたのとは対照的に、皇室典範が戦前の皇室典範を原則的に踏襲したことで、皇位継承をめぐる制度は極めて大きな矛盾を内包することになった。

こうした矛盾が今日、いわゆる皇位継承問題を引き起していることはまちがいない。端的にいえば、象徴天皇制を規定する現行憲法の下では側室を置くことなど考えられない。よって戦前とは異なり、側室との間に生まれた非嫡出子を皇位継承資格者として確保することはできない。そのため、現行皇室典範が規定する「男系の男子」という皇位継承資格ではあまりにタイトに過ぎ、皇位継承が不安定化するのは避けられなかった。

皇位継承については、まずその資格者を明治憲法が「皇男子孫」としたのに対し、新憲法は原則として「世襲」としただけで具体的内容は皇室典範に譲られた。現行の皇室典範は、皇位継承資格について、第一条に「皇統に属する男系の男子」と規定する。前述のように、明治皇室典範は側室の生んだ非嫡出子にも皇位継承権を付与していたのに対し、現行皇室典範は嫡出子に限ってそれを認めた。

戦前から大正、昭和の両天皇は「人倫に悖《もと》る」などとして、側室を置かなかったことはよく知られている。しかし側室を置かずに、「男系の男子」という条件の下で皇位継承資格者を安定的に確保するのは至難の業であった。歴代の天皇のうち約半数が非嫡出である事実がそれを雄弁に物語っていよう。

一九四六年八月三〇日、皇室関係法案をめぐるGHQ民政局のピーク博士と井手成三法制局第一部長との会談において、ピークは「女帝ヲ認メヌコトハ男女平等ノ原則ニ反セヌカ」と質した。これに対して、井手は「女系ヲ認メヌ以上女帝ヲ認メテモ一時的ノ摂位《せつい》（代理として即位すること—引用者）ニスギズ」とかわした（芦部・高見前掲書）。

ピークは日本の歴史上に女帝は存在したが女系は存在しなかったことに理解を示し、「継承権ノ範囲カラ全然女子ヲ外サズ範囲モ定メズ寧《むし》ロイキナリ順序ヲ書イテ後《のち》順位ニ女子ヲオイタラドウカ、理論的ニ承継シ得ルコトニシテ、事実ハ全然承継セヌコトトスレバ如何《いかん》。又皇族ガ全然ナクナル場合ナド承継サセレバ如何」と提案した。法律と事実を分ける巧みな提案をも行ったといえよう（芦部・高見前掲書）。

新憲法下で皇室典範が抱え込んだ矛盾を察知したピークは、法制局の専門家である井手に対して率直にそのことを質したとみられる。もしそうだとしたら、法制局はもう少し真剣かつ慎重に皇位継承上の懸念に向き合うべきではなかったか。

両者のやり取りの中で注目されるのが、退位（譲位）の問題であった。ピークは皇位継承の問題に続いて、「天皇ノ退位ヲ認メヌ理由」を井手に質した。井手は「上皇制度ナド歴史的ニモ弊害アリ寧ロ摂政制度ノ活用ヲ可トス」と応じた。するとピークはさらに踏み込んで、「退位ヲ認メルト今上陛下ニ影響スルコトヲオソレタカ」とたたみかけたのである。井手はそれに対して、「ソノヤウナ顧慮ニ出デタモノデハナイ、寧ロ一般抽象的ナ論究ノ結果ナリ」と答えたが、ピークの質問は実に核心を突いていたといえよう。

四、狙われた皇室財産と皇籍離脱

一八八一（明治一四）年に「国会開設の勅諭」が発せられ、一〇年後の国会開設が約束されたことで、官民双方に強い緊張が走った。こうした緊張感は近代的な立憲君主制の形成を加速化させた。伊藤博文ら政府首脳は、天皇や皇室が議会の干渉を受けないよう皇室財政の確立を急いだ。

政府は皇室の自律性を確固たるものとするため、皇室独自の財源確保に走り出した。戦前の皇室の経費は、定額金や帝室林野局の収益、有価証券の配当により賄《まかな》われることになった。こうして皇室経済は議会の干渉を受けることなく、皇室の自律性が守られた。

その後、明治皇室典範や皇室財産令などの成立により、戦前の皇室財産・皇室経済制度が確立した。これらの法令は明治憲法とは別系統に位置づけられ、皇室の自律性が保障された（芦部信喜・高見勝利編著『日本立法資料全集7　皇室経済法』）。

戦前の皇室典範には「皇室諸般ノ経費ハ特ニ常額ヲ定メ国庫ヨリ支出セシム」（同第四七条）とあり、皇室経済は議会の干渉を受けなかった。「常額」は当初、三〇〇万円であったが、一九一〇（明治四三）年以降は四五〇万円に増額され、終戦に至った。

明治憲法の成立に先立ち、皇室が議会の統制に服することのないよう、国から皇室に莫大な財産が移された。それには日本銀行株や横浜正金銀行《よこはましょうきんぎんこう》株など有価証券の配当のほか、前述のように帝室林野局の管理下にある山林からの収益が充てられた。官民を問わず、広大な所有地が御料地に編入され、皇室はついに大地主になったのである。

しかし戦後まもなく、天皇、皇室を取り巻く環境は一変した。進駐してきたGHQは徹底して皇室財産にメスを入れ、関係資料を日本政府に提出させ、調査・分析のうえ、その実態を白日の下にさらし、天皇が大財閥で大地主であることを国民に知らしめようとした。

一九四五（昭和二〇）年九月六日、トルーマン大統領がGHQに示した対日方針には、「皇室の財産は、占領の目的を達成するに必要な措置から免除されることはない」と明確に記されていた。皇室財産の処理は財閥解体を担当したESS（経済科学局）によって進められた。同月中旬、ESSは宮内省幹部を呼び、皇室財産の調査・報告を求めた（芦部・高見前掲書）。

敗戦後の慌ただしい日々、皇族らは所有する土地や家屋の価格などを調査し、まとめて提出せねばならなかった。梨本宮《なしもとのみや》伊都子《いつこ》妃《ひ》の日記によると、同年一〇月二八日に全財産調査の話が舞い込んだようで、日記には「此度《このたび》、宮内省よりいふてきたのでは、米司令官より、宮内省の全財産をしらべて書出《かきだ》す様《よう》にとの事で、各宮家もすべて書出す様にといふてきたから、もう大さわぎ」とみえる（小田部雄次『梨本宮伊都子妃の日記』）。

皇室財産も占領目的達成の例外としない米国の対日方針に沿って、皇室財産を押収・封鎖の対象とした。一一月一四日付レイモンド・C・クレーマー局長の「覚書」に基づき、ESSは皇室財産の凍結・国家移管の方針を示した。いよいよGHQの皇室財産に対する容赦ない姿勢が露わになろうとしていた。

このように、GHQは皇族も例外ではないことを、皇室のみならず宮内省にも知らしめる意図があったにちがいない。GHQ文書が物語るように、マッカーサーといえども皇室財産を日本政府の財産と截然《せつぜん》と区別することはけっして容易ではなかった。皇室財産はそもそも日本政府からの贈与であって、国家元首たる天皇の所有であり、準公有とみなされていた。

そこでGHQは翌四六（昭和二一）年一月になると、「日本人が天皇制度を維持すると決定する場合の必要な保証として、一切の皇室の収入は国庫に繰入れられ、皇室費は立法部により歳出予算に計上されるとの条件が付された」のである（川田敬一「終戦前後アメリカの皇室財産政策に関する基礎的考察」）。

一月二四日にマッカーサーと会見した幣原首相は翌日、天皇に謁見した。天皇は奏上の際、「幣原に対し、国家再建のために皇室財産を政府に下賜《かし》したい旨を仰せになり、またこのことについて近くマッカーサーを訪問して、その意向を伝える」と前向きな姿勢を示した（木下『側近日誌』）。

これに対して幣原は、天皇の厚情に感謝を述べつつも、かつて食糧輸入のために皇室の宝石類を下賜したいとの天皇の思し召しがGHQによって「人気取り」とされた経緯を踏まえて、熟慮する旨を奉答した。この首相への仰せをめぐって、同日午前に天皇の思し召しを受け、木下道雄侍従次長、松平慶民宮内大臣、大金益次郎《おおがねますじろう》宮内次官、藤田尚徳《ふじたひさのり》侍従長ら宮内省幹部が急遽参集し対応を協議することになった（『昭和天皇実録』）。

翌二月に入ると、政府と宮内省の間で皇室財産をめぐる議論が本格化した。しかし、皇室財産に対しても財産税の課税がGHQによる既定の方針であることが判明するに及んで、日本政府内部においても意見は容易にまとまらなかった。

この年六月、皇室から各宮家に贈賜されていた歳費等の支出は五月分までで打ち切られることになった。現行憲法施行後は、皇族費は国庫から支出されることになり、当初は三直宮家の年額による皇族費のみが予算に計上された。他の一一宮家の皇族は、憲法施行前に皇籍離脱することが予定されていた。

また、翌四七（昭和二二）年三月三一日までに財産税として三三億四二〇〇万円余、戦時補償特別税として八〇〇万円余が納付されることになり、結果として課税対象の皇室財産の八九パーセントに及んだ。皇室財産の廃止・縮小が企図されていたことはまちがいない。

こうした政府の提出資料は「以上のような皇室財産等に係る措置の背景には、連合国最高司令官総司令部（GHQ）の方針があった」と指摘している。

木下の著書である『新編宮中見聞録』には、「陛下と皇室」という小品が収められている。木下によれば、天皇はかつて大水害の被災地を救済するために、御手許金《おてもときん》から莫大な救恤《きゅうじゅつ》金《きん》を下賜した。その手続きに携わった木下は、天皇が大臣らに全幅の信頼を置き、救恤関係の書類を直ちに裁可したと回顧する。天皇にとって、大災害の際に御手許金を下賜することはルーティン化していた。

しかし、天皇周辺の思惑とは裏腹に、GHQは皇室財産に対して厳しい姿勢を変えず、皇室の窮乏化は必至であった。大金侍従長や宗秩寮《そうちつりょう》総裁の松平康昌《まつだいらやすまさ》は同年五月二三日、同月二一日付のGHQの「皇族の財産上その他の特権廃止に関する覚書」を天皇に上奏した。このGHQの指令により、天皇は皇族に対する一切の金銭・財物の賜与・貸付を禁じられた。宮内省が保管していた皇族の有価証券は各皇族（皇太后・親王・内親王を除く）に引き渡され、課税の対象となった（芦部・高見『皇室経済法』）。

各皇族の財産すべてが調査され、財産税の最高税率は九〇％まで引き上げられた。新たに憲法第八八条に「すべて皇室財産は、国に属する。すべて皇室の費用は、予算に計上して国会の議決を経なければならない」と規定されることになった。

一方、GHQは三直宮家のみの存続を認める方針を示していた。GHQのカーミット・R・ダイク民間情報教育局長により、「今上天皇及び男子御兄弟御三方の皇族としての已存《いぞん》権《けん》を確認す」とした木下侍従次長の聞き書き（一九四六年一月一日付）が伝えられている（木下『側近日誌』）。「御三方」が秩父・高松・三笠の三直宮家をさすことはいうまでもない。

以上のような客観情勢を踏まえて、日本側は一一宮家の「臣籍降下」(皇籍離脱)に至った経緯を以下のように説明した(外務省特別資料部第一課「皇室に関する諸制度の民主化」、一九四八年一〇月作成)。

(皇室の)財産上の特権が剝奪《はくだつ》され、財産税が徴収せられ、継続的収入の途が杜絶《とぜつ》され、且《か》つ皇族費は国費として計上されるとしても各皇族が品位を保たれるに充分な国家支出をなすことは困難と考えられ、皇族方の共倒れを救う一つの道は(一一宮家の方々の)臣籍降下である。

もはや皇室に一一宮家を養うだけの余裕はなくなった。こうして、伏見宮系の皇族らは皇籍離脱を余儀なくされたのである。

GHQは結局のところ、皇室財政を圧縮するという方針を貫徹することによって、皇室を縮小しても「国体護持」を実現するため、日本側が自発的に皇籍離脱を選ぶというシナリオを事実上押しつけた。マッカーサーらGHQが、皇室については日本側が主体的に決めるべきとの姿勢を示していたこともあり、こうしたシナリオは受け入れられやすかった。よってGHQは憲法とは違い、皇室典範には寛容との見方をより明確化した。

何とも巧妙な手法というほかはあるまい。民主化・非軍事化のためとはいえ、皇室財産の調査、処分、そして財産課税と、畳みかけられる強烈なＧＨＱの圧力の前に、多くの皇族らは不本意な地位と身分の返上・喪失を余儀なくされたのである。

昭和天皇は同年一一月二九日、直宮以外の宮家の皇族らを召し、「皇室典範の改正に伴い、翌年以降、直宮を除き臣籍降下のやむを得ざる事態」について説明した（『昭和天皇実録』）。梨本宮伊都子妃の日記によれば、このとき天皇は次のように述べた。「色々の事情より直系の皇族をのぞき、他の十一宮は、此際《このさい》、臣籍降下にしてもらい度《たく》、実に申しにくき事なれども、何とぞこの深き事情を御くみとり被下《くだされ》度《た》い」と（小田部『梨本宮伊都子妃の日記』）。

天皇はこのとき、幾度も「申しにくき事」と繰り返した。実に印象的である。一方、伊都子妃も「陛下の御心中、御さっし申上《もうしあげ》ると、胸もはりさける思ひ」としつつ、「私どもは憲法発表、皇室典範の事など新聞ですでにみてゐるから、もうどうせ臣下にならねばならぬと覚悟はしてゐる」と心情を吐露した。

閑院宮《かんいんのみや》をはじめとして、皇籍離脱に納得しない皇族も少なくなかった。そこで天皇が反対する皇族らを説得、慰撫《いぶ》せざるを得なかったのである。とはいえ、宮内省も天皇と直宮を救うためには、伏見宮系の一一宮家に犠牲を強いねばならなかった。こうした理由から皇籍離脱の推進役を担ったのが、宮内次官の加藤進《かとうすすむ》であった。会計検査院にあった加藤はほどなく宮内省に移り、課長、局長を経て宮内次官となり、悪役を演じたのである。

加藤は終戦後比較的早くに、伏見宮系皇族らの皇籍離脱を企図していた。それは一九四五（昭和二〇）年末の梨本宮守正王《もりまさおう》の戦犯容疑での逮捕がきっかけであったとされる。GHQの皇室に対する容赦ない姿勢に接して、加藤は昭和天皇と直宮を守ることを優先し、躊躇することなくその他一一宮家の皇籍離脱を推し進める腹を固めた。

GHQの手法は実に巧妙で、表向き日本が自発的に皇室を改革しているかのような形を装いながら、実際にはその背後で皇室の特権を奪い、皇室財産を手放すよう圧力をかけた。これを皇族らに伝えるため、説明役を果たした宮内次官の加藤の態度も不快この上ないものであった。加藤の態度に立腹する皇族も少なくなかった。

それでも加藤は、皇籍を離脱する皇族らに「万が一にも皇位を継ぐべきときが来るかもしれないとの御自覚の下で身をお慎しみになっていただきたい」と言い放った。この狡猾《こうかつ》ぶりには驚きを禁じ得ない。古代以来、皇位継承の歴史は血筋の遠い皇族を皇嗣から遠ざけてきた。加藤はそれをわかっていながら、実に軽薄な言辞を弄《ろう》したといえよう。皇族らが憤慨するのも無理からぬことであった。

前述のように、かの「覚書」に基づく司令によって、GHQはそれまで認められていた皇族に対する皇室からの歳費の支給や免税などの特権についても廃止の対象にした。宮内省は

GHQの強硬な姿勢にひたすら困惑しつつも、皇族の生活が将来的に困窮しないよう皇籍離脱する宮家の皇族らに一時金を支給するようGHQに提案したが、却下の憂き目をみた。

一時金の法制化をめぐって、GHQと宮内省の間に齟齬《そご》をきたした。宮内省はGHQが一時金の法案化を求めたとしていたが、一九四七（昭和二二）年三月の両者の交渉記録をみると、ピークは「臣籍降下を希望する者、当人の勝手である」と反論していた（芦部・高見『皇室経済法』）。

繰り返し述べたように、皇籍離脱の最大の原因は、GHQによる皇室財産の厳格な処分に起因するが、それ以外の理由が挙げられることもある。終戦まもなく皇族内閣を組織した東久邇宮稔彦王《ひがしくにのみやなるひこおう》のケースがそれである。宮は首相辞職の直後、自ら昭和天皇に皇籍離脱を願い出た。宮はほかの皇族にも皇籍離脱を期待していたと報じられ、あわてた宮内省が火消しに動く一幕もあった。宮としては、敗戦の道義的責任を取り、皇族としての特別な待遇を拝辞し、皇籍離脱により平民になる覚悟であったとされる。

皇室財産の処分はGHQの強い意向もあり、終戦まもない一九四五（昭和二〇）年のうちに着手され、急ピッチで進められた。しかし、その結果浮上した皇籍離脱は、宮内省の背後にあった天皇やその側近らの抵抗に遭って、思いのほか時間を要した。もちろん皇籍離脱を実行に移せば、皇族らの暮らしがますます苦しくなることは火をみるより明らかであった。

さらに重くのしかかったのが財産税であった。戦前来、それまで非課税であった宮家所有の財産に対しても、財産税が賦課されることになった。梨本宮家は河口湖《かわぐちこ》や熱海《あたみ》の別邸を売却したが、それでは足りず、銀行の金庫に保管してあった株券や貴金属類もお金に換えたうえ、空襲で焼失した青山の自宅の跡地を処分したという（梨本伊都子『三代の天皇と私』）。

当時、一般国民に対しても財産税が課せられており、皇族だけが対象であったわけではなかった。ただし、一五〇〇万円を超えると税率は九〇パーセントへと跳ね上がる累進課税であったため、多くの財産を有する宮家にとって重税感は想像以上に大きかった。皇族らは、申告期限が一九四七（昭和二二）年二月一五日、納税期限も同年三月一五日に設定されていたから、ひたすら財産の処分に追われた。

一九四七年一〇月一四日、一一宮家五一方が皇籍を離れるとともに、一時金として四八〇〇万円が支給された。一時金の金額についてはその前日、一三日、皇室会議に続き開催された皇室経済会議において、皇籍を離れる五一方の皇族のうち軍籍にあった一一方を除き、四〇方に対して当主である王に二五〇万円、その他の王に一四四万九〇〇〇円を支出することが決定された（『昭和天皇実録』）。しかし、各宮家に配分された一時金にも財産税が課税されたため、皇族が手にしたお金は実に僅《わず》かであった。

いわゆる皇位継承問題をめぐる議論では、この旧皇族の男系男子子孫に「復帰」してもらってはどうかという案が、かねてより保守派の人々から提起されてきた。近年、菅義偉《すがよしひで》内閣の下で設置された有識者会議がまとめた論点整理においても、旧皇族の子孫から養子をとる案が一方の有力な選択肢として示された。

こうした旧皇族の筆頭ともいうべき旧伏見宮家の最後の当主、伏見博明《ふしみひろあき》氏が二〇二二（令和四）年一月、『旧皇族の宗家・伏見宮家に生まれて』と題する回想録を刊行した。同書の中で、伏見氏は「何かあった時は真っ先に皇室をお守りしなければいけない」と述べている。

皇籍離脱した一一宮家

宮家	離脱時の当主	男子	女子
伏見宮家	博明王	1	3
閑院宮家	春仁王	1	1
山階宮家	武彦王	1	0
北白川宮家	道久王	1	3
梨本宮家	守正王	1	1
久邇宮家	朝融王	4	6
賀陽宮家	恒憲王	7	1
東伏見宮家	依仁親王妃周子	0	1
竹田宮家	恒徳王	3	3
朝香宮家	鳩彦王	3	3
東久邇宮家	稔彦王	4	3

まず本書を読んで気づいたのは、同書刊行に寄せられた二人の人物の論稿であった。ともにGHQの実質的指令によって、伏見宮家をはじめ一一宮家五一方が皇籍を離脱したことが明確に指摘されている。

同書において、インタビューを実施し解説を担当した青山学院大学の「聞き取りチーム」が伏見氏に皇籍離脱について尋ねた際、同氏は率直に「払ったこともない莫大な税金を払わなきゃならないし、使用人の給料も払わなきゃならない。一時金なんて一方的に決められたけれど、そのくらいの金額ではあっという間になくなってしまいます。だから、元皇族の家は、いわゆる〝売り食い〟で暮らしてきたことになります」と述べている。

さて、皇籍離脱を決めた皇室会議には、高松宮、秩父宮妃、片山哲《かたやまてつ》首相のほか、衆参両院議長や最高裁長官、宮内府長官（宮内庁長官の前身）らが出席した。席上、片山首相は今回の皇籍離脱の理由について、以下のように説明した。

皇族のうちから、終戦後の国内国外の情勢に鑑み、皇籍を離脱し、一国民として国家の再建に努めたいという御意思を表明せられる向《むき》があり、宮内省におきましても、事情やむを得ないところとして、その御意思の実現をはかることとなり（中略）皇籍離脱の御意思を有せられる皇族は、後伏見天皇《ごふしみてんのう》より二十世乃至《ないし》二十二世を隔てられる方々でありまして、今上陛下よりしましては、男系を追いますと四十数世を隔てていられるのであります。これらの方々が、これまで宗室を助け、皇族として国運の興隆に寄与して参りました事績は、まことに大きいものでありました（以下略）

皇籍離脱の理由を一一宮家の皇族方の「御意思」に求める片山首相の説明は、建前論に終始する内容であった。高尾亮一が『皇室典範の制定経過』に記したように、伏見宮系の皇族方の皇籍離脱の背景には、一貫して皇室財政を縮減しようとするGHQの意向が働いていた。

皇族の自発的な皇籍離脱というのは、GHQによる一種の演出に過ぎなかった。

GHQはこれに先立ち、日本に対し周到なブラフ（脅し）をかけてきた。元帥・陸軍大将であった梨本宮守正王を戦犯容疑で巣鴨《すがも》プリズンに拘留した。終戦の年も残り少なくなった一九四五（昭和二〇）年一二月三日、梨本宮邸に吉田茂外相が訪問し、突然GHQの戦犯指定を宮に伝えた。日本政府も皇室関係者も、最も恐れていたことが現実になったのである。

当時、昭和天皇とは血縁の遠い伏見宮系の一一宮家五一方の皇族について、「皇位継承者としては必ずしも適当ではない。それに天皇家には、直宮が御三方も在らせられる。（中略）これだけ揃っていれば、皇位の継承にまごつくことはないであらうし、このさい、皇族の範囲を狭める意味から、遠縁の皇族は臣籍に降下させたほうがいい」との世論があったという（芦部・高見『皇室経済法』）。

五、矛盾が生んだ制度上の不具合

一九四七（昭和二二）年五月三日、日本国憲法と同時に施行された現行の皇室典範には、第一条に「皇位は、皇統に属する男系の男子が、これを継承する」と謳われていた。皇位継承資格について、現行皇室典範はおおむね明治皇室典範を踏襲した。皇位継承の長い歴史を振り返れば、男系継承は確かに重い伝統であり、さらに時代的制約を考慮すれば、一概に立法者らの不明ばかりを責めることはできない。

しかしながら、戦後まもなく制定された皇室典範を取り巻く社会的諸条件は大きく変化した。大正天皇以来、側室が置かれなくなり、戦後の現行制度では嫡出子のみに皇位継承資格が限定された。それを考えれば、皇室典範が定める「男系の男子」という資格要件はあまりにタイトに過ぎた。

すでに述べたように、GHQは皇室をまるで民主化を阻む一つの財閥のように捉え、その縮減を求めた。終戦の二年後、伏見宮系の一一宮家五一方が皇族の身分を離れたのもその一環であった。

確かに戦前の皇室は一体性を欠いていた。伏見宮系の旧皇族は「後伏見天皇より二十世乃至二十二世を隔てられる方々」であることはまちがいない。昭和天皇と距離を置く片山らしい説明である(「皇室典範に関する有識者会議報告書」)。

過去にも多数の傍系継承が認められ、皇籍離脱を半ば強制されたことに鑑みれば、皇位継承資格者を確保するべく旧皇族の男系男子子孫の復帰を容認することも一見、一つの重要な選択肢であるといえなくもない。しかしそれは、現行憲法第二条が定める「世襲」(血のつながり）という皇位継承のより根本的な原理に反する。

そもそも皇籍離脱については、戦前から臣籍降下として、明治の皇室典範制定時より議論の対象となっていた。明治皇室典範で採用された永世皇族制は、これに先立つ帝室制度調査局において伊藤博文や伊東巳代治らを中心に検討が加えられた。同調査局では、皇族の品位保持や皇族の規模など皇室経済の観点から臣籍降下の制度化が議論された。

実際に、明治皇室典範の制定以降およそ二〇年の間に、宮家は五家も増加した。皇室財政の負担を軽減するため、一九〇七年には事実上永世皇族制を廃し、臣籍降下の制度を採用する皇室典範増補が成立した。

皇室典範増補では、第一条に「王ハ勅旨又ハ請願ニ依リ家名ヲ賜ヒ華族ニ列セシムルコトアルヘシ」と規定された。すなわち、新たに五世以下の王にも、勅旨あるいは本人の願い出によって家名が下賜され、華族になることが認められたのである。臣籍降下の制度化に伴い、これ以降終戦までに直宮以外の宮家が創設されなくなった（高久嶺之介「近代日本の皇室制度」）。

一九一八（大正七）年、波多野敬直《はたのよしなお》宮内大臣は帝室制度審議会に対して臣籍降下の法定を求めた。波多野は、皇族の肥大化が皇族の品位の低下や財政負担の増大を招くことを憂慮していたとみられる。その結果、同審議会は「皇族ノ降下ニ関スル施行準則」の立案を進め、枢密院において修正のうえ可決、成立した。

こうした戦前の考え方は戦後に引き継がれ、今日に至っている。現行皇室典範は永世皇族制を採用し、世数《せすう》（一三九～一四〇頁参照）によって皇族の範囲を限定していない。同法が謳うように、適正な皇室の規模は皇室会議の議により調整されている。これにより、皇籍離脱制度は弾力的に運用され、現実的な対応が可能となっている（園部『皇室制度を考える』）。

なお、皇籍離脱の要件をまとめれば以下の通り。

㈠本人の意思に基づく場合「年齢十五年以上の内親王、王及び女王は、その意思に基き、皇室会議の議により、皇族の身分を離れる」（同第一一条同第一項）

㈡やむをえない事由がある場合「親王（皇太子及び皇太孫を除く。）、内親王、王及び女王は、（中略）やむを得ない特別の事由があるときは、皇室会議の議により、皇族の身分を離れる」（同第一一条第二項）

㈢皇族女子が天皇及び皇族以外の者と婚姻した場合「皇族女子は、天皇及び皇族以外の者と婚姻したときは、皇族の身分を離れる」（同第一二条）

㈣皇族女子がその夫を失った場合「皇族以外の女子で親王妃又は王妃となった者が、その夫を失ったときは、その意思により、皇族の身分を離れることができる」（同第一四条第

一項）

一九四七（昭和二二）年に皇籍離脱した伏見宮系の一一宮家の皇族は、以上のような歴史的背景を踏まえて形成されてきた皇籍離脱制度の立法趣旨とはかけ離れた存在であった。こうした旧皇族が本人の自由意思に基づき「皇籍復帰」を認めるのは一見、自然な措置であるかのようにみえる。こうした旧皇族の皇籍離脱が事実上ＧＨＱの圧力によるとしたら、なおさらのことであろう。

しかし、その子孫は過去に皇籍にあったことはなく、生まれつき一般国民であることから、もはや「皇籍復帰」と呼ぶことは必ずしもふさわしくないともいわれている。そもそも憲法第二条のいう「世襲」とは「血のつながり」のことであり、男系に限定されない。むしろあまりに傍系の旧皇族の男系男子子孫は「世襲」の概念に馴染まないのではないかとの意見もある。

第三章　顕在化した構造的矛盾

一、皇位継承問題とは何か

「聖域なき構造改革」を掲げ、高い内閣支持率を維持していた小泉純一郎《こいずみじゅんいちろう》首相は二〇〇四(平成一六)年一二月一日、首相官邸で記者団に「女性天皇の検討」を表明した。全国紙が同日の朝刊でこれをスクープしたことを受けて、小泉首相が記者団の質問に答えた。

いまだ秋篠宮《あきしののみや》家に悠仁親王《ひさひとしんのう》は誕生しておらず、秋篠宮(文仁親王《ふみひとしんのう》)生誕以来およそ四〇年間、皇室は男子に恵まれていなかった。二〇〇一(平成一三)年一二月、皇太子夫妻に待望の第一子、愛子内親王《あいこないしんのう》が誕生した。これ以降、女性天皇の実現を期待する世論が高まりをみせた。そこへ小泉首相の決断が伝えられたのである。

政府の事務方はこれに先立つ一九九七(平成九)年、古川貞二郎《ふるかわていじろう》内閣官房副長官の呼びかけで、水面下に内閣官房、宮内庁、内閣法制局による極秘研究会を発足させ、少子高齢化に伴い不安定化する皇位継承の検討に着手した。この研究会は、関係者の間では、「赤プリ会」と呼ばれていた。赤坂プリンスホテルの一室を会場としていたためである。

この研究会によって作成された案が、そののち小泉首相の決断により急浮上した。二〇〇五（平成一七）年一月に入ると、小泉首相の私的諮問機関である「皇室典範に関する有識者会議」がほぼ月一回のペースで開催され、首相の諮問である「安定的な皇位継承」について鋭意、議論が進められた。

しかし、有識者会議については発足当初から、「女性天皇容認という結論ありき」との批判が少なくなかった。原因の一つに、必ずしも皇室問題の専門家がいないメンバー構成にあった。これでは政府案がそのまま丸呑みされるのではないか、との懸念が囁《ささや》かれた。もう一つは、審議の絶対時間があまりに乏しかったことにある。果たして月一回、二時間の審議で、この皇位継承という重大な諮問に答えられるのか、という疑問であった。しかも最初の数回は、政府側のレクチャーに終始した観があった。批判を恐れて、会議は原則非公開とされ、議事要旨や配布資料は公開されたが、議事録も表現が丸められていた。

ともあれ、政治家にとって「リスクが大きい割に、票にならない」といわれる皇位継承問題に関する議論の開始は、やはり大きな前進であった。問題の深刻さを最もよく知る宮内庁は、小泉首相の決断にホッと胸をなでおろしたにちがいない。

当時、日本国憲法と皇室典範が制定されてから、六〇年の歳月が流れようとしていた。この間、憲法が規定する象徴天皇制は、国民の理解と支持を背景に着実に定着してきた。憲法第二条は皇位を「世襲のもの」と規定するが、現行の制度の下では、これが最も基本的な皇位継承の原則である。

同時に、同条は「国会の議決した皇室典範の定めるところにより、これを継承する」と定めている。これを受け、皇室典範第一条が皇位継承資格を「皇統に属する男系の男子」としていることは周知の通りである。

すでにみたように、現行の皇室典範は、皇位継承資格を「嫡出」に限定した。すなわち戦後、皇位継承は、「嫡出」と「男系の男子」という二つの資格要件をともに充たさねばならなくなったのである。医療水準の向上を踏まえても、これは実に窮屈な資格要件といわねばならない。

もはや戦前のように、側室の生んだ非嫡出子が皇位を継ぐことは認められなくなったのである。戦後、国民の意識の変化や時代が求める倫理観に基づき、こうした基本的な制度の変更が行われた。その結果として、当然のことながら、少子化の進行とも相俟《あいま》って、皇位継承資格者の減少が顕著となっていった。

戦後まもなく開かれた第九〇回帝国議会は、皇位継承資格を「嫡出」に限定しながら、「男系の男子」という戦前来の資格要件を踏襲して、現行の皇室典範を成立させた。政府や国会は、こうした矛盾を内包する皇位継承制度の見直しに着手するべきであった。

しかし、その後も皇室典範の改正は先送りされ、臨時法制調査会による制度設計上の矛盾は今日まで放置されたままである。その結果として、憂慮すべき皇位継承の不安定化を招くことになった。まずもって、国民はこのことをしっかりと認識せねばならない。そのうえで皇位継承制度の抱える矛盾を解消すべく、憲法第二条の要請に沿って、「国会の議決」により皇室典範の速やかな改正が求められる。

少なくとも小泉内閣の下で有識者会議が開かれていた当時、古来より連綿と続いてきた皇位の男系継承を、今後も安定的に維持することは難しくなっているとの認識があった。少子化の進行とともに、皇位継承制度の「制度疲労」、それを規定する皇室典範の構造的矛盾がしだいに顕在化してきた。皇族の減少もこれに追い討ちをかけた。もはや制度改革は焦眉の急であり、皇位継承資格を女子や女系の皇族に拡大することも不可避であった。

有識者会議もこうした女子・女系拡大案を正面から検討した。有識者会議がまとめた報告書では、女子・女系拡大案が初めて採用された。その原案は、前述のいわゆる「赤プリ会」の研究成果を、当時の宮内庁書陵部《しょりょうぶ》（皇室関係資料の管理、皇室制度の調査研究などを行う部局）が中心となって取りまとめたものであったといわれる。

憲法は原則として皇位の世襲を定めているだけで、皇位継承資格を男子や男系に限定しておらず、女子や女系の皇族が皇位を継承することも可能であると述べた。それではそもそも男系と女系とは何であり、女性の天皇と女系の天皇はどのように異なるのであろうか。

男系と女系

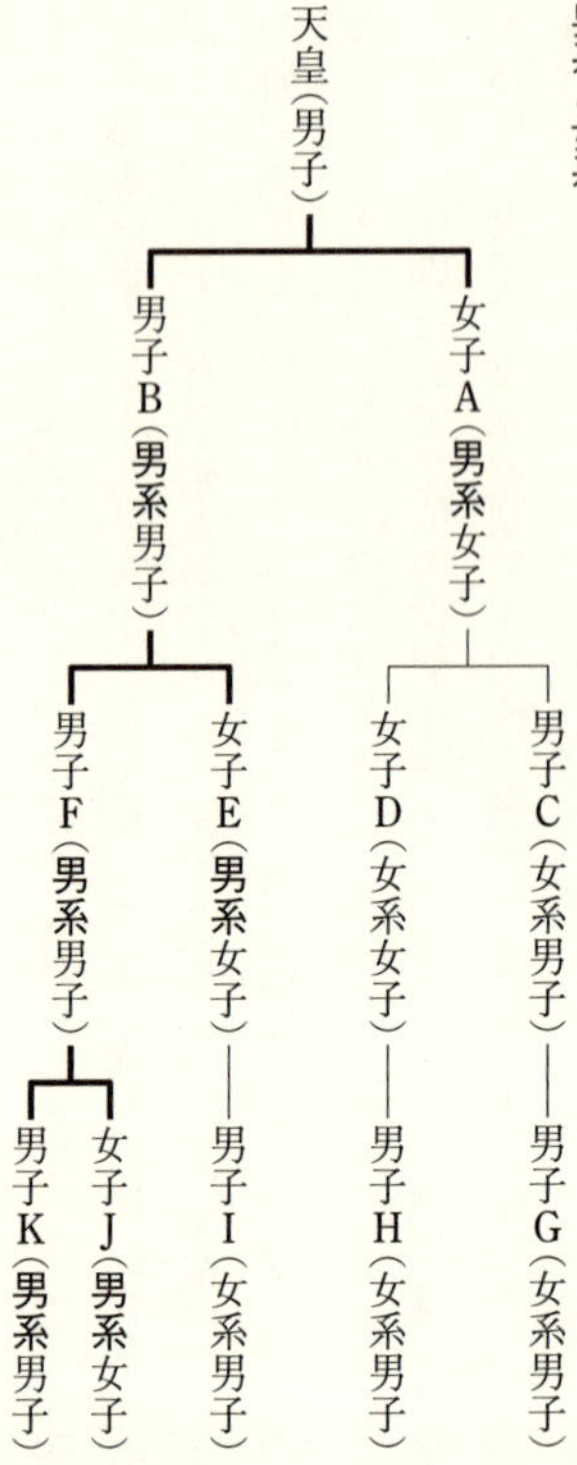

二〇〇五（平成一七）年一一月に「皇室典範に関する有識者会議」が小泉首相に提出した報告書の説明を参考にしたい。現行の皇室典範は、皇位継承資格を「皇統に属する男系の男子」と規定している。「皇統」とは、歴代の天皇からつながる血統のことである。「男系」とは、天皇と男性のみで血統がつながることをいい、「女系」とはそれ以外のつながりをさす（「男系と女系」の図を参照）。

第一章と第二章で論じたように、明治典範では伊藤博文の強い意向で採用されなかった譲位制は、現行典範でも採用が見送られた。また同様に、女性天皇も盛んに議論されたが、や

は り明治典範と同様に、現行典範でも認められなかった。

退位の規定を設けるか否かについては、枢密院についで第九〇回帝国議会でも審議された。衆議院では、日本社会党の黒田寿男《くろだひさお》議員らが質問に立ったのに対し、金森徳次郎国務相は退位のことについてはまったく考えない方針を表明したのである。

一方、女性天皇の是非についてみると、臨時法制調査会の第一部会では、新憲法制定に寄与した東大の憲法学者、宮沢俊義が皇位継承資格を親王および内親王に限り認めたのに対し、新憲法制定に尽力した行政学者、杉村章三郎は親王および王に加えて配偶者なき内親王および女王を容認する考えを示した。ここから、杉村は女性天皇を認めたが、女系の天皇は容認しない立場に立ったことがわかる。両者が皇族女子にも皇位継承権を認めたことは、現行憲法草案第一三条（のちに第一四条）に法の下の平等が謳《うた》われていたこととも関連して議論された（芦部信喜・高見勝利編著『皇室典範』）。

第一部会の小委員会では当時、宮内省が女性天皇について『皇室典範義解』を踏まえ「一時の摂位（仮の即位）」とみなしたのに対し、女系は認めない考えを示していた。すでにこのとき宮内省は、憲法草案第二条の「世襲」に女系は含まれないと主張していた（芦部・高見前掲書）。

しかし、宮内省が準拠した『皇室典範義解』は明治典範の注釈書であるから、側室が生んだ非嫡出子にも皇位継承資格があったことに留意しなければならない。前述のように、現行典範において皇位継承資格を嫡出に限定し、そのうえ資格要件を男系男子とすれば、有資格者は減少し、皇位継承が不安定化しかねなかった。

ついで皇室典範案は、一九四六(昭和二一)年一二月の第九一回帝国議会において審議された。皇位継承資格を男系に限定すべきか否かが議論された。帝国議会では男系・女系の問題については皇室典範ではなく、主として憲法上の世襲の概念をめぐって論争が繰り広げられた。

帝国議会において金森国務相は、女性天皇については法律問題として自由に考えてよい旨を答弁したのである。金森によれば、わが国の歴史や伝統からみれば、皇位は一貫して男系により継承されてきた。史上八人の女帝もすべて男系の女子であった。当然、政府は多くの国民も、皇位は男系で継承されねばならないとの「確信」を抱いているものと考えた。

第九一回帝国議会では、憲法改正草案が貴族院に回されると、憲法学者で貴族院議員の佐々木惣一《ささきそういち》が憲法草案第二条から「皇男子孫」が削除された点を取り上げ、女子に皇位継承権を認めていないのは適当ではないと質した。答弁に立った金森国務相は、衆議院のときと同様に、それには研究の余地があるとした。

一方、嫡出限定の方針について「佐藤達夫関係文書」には、手書きの「昭和二十一年十一

月　皇室典範案に関する想定問答　法制」なる文書が収録されている。同文書には、皇室典範第六条に「嫡出」を「明定」し、「天皇の象徴たる地位に鑑み、この地位につかれる資格としては、嫡出に限り庶出（非嫡出）を認めないことが適当」と記されていた（国立国会図書館所蔵）。

当時、政府内部では、明治典範で認められた「非嫡出」を現行典範で認めなくとも、「男系の男子」で皇位継承資格者が減少し、制度が不安定化するとは考えていなかった。おそらく戦後まもない時期とあって、政府内は楽観的な考え方が支配的であったにちがいない。しかしその後、一九四七（昭和二二）年の一一宮家五一方の皇籍離脱など客観情勢は徐々に変化していった。

ともあれ、政府は当面、皇位継承資格者が払底する心配がなかったため、その後の社会の変化に伴い、国民の意識を考慮し検討すればよい課題であるとして先送りした。もちろん女性天皇については、国民の意識に加え、海外の王室には女王が珍しくなく、現行憲法が定める男女平等に照らして、議論の俎上にものぼった。

一九六六（昭和四一）年三月一八日の衆議院内閣委員会では、関道雄《せきみちお》内閣法制局第一部長が「絶対的に女子が天皇に立たれることを憲法が禁じているわけでもありません」としたうえで、「国民感情の推移」により女性も皇位継承資格をもつことも不可能ではないとの柔軟な見解を示した（昭和四一年三月一八日、衆議院内閣委員会議事録）。

その後、美智子《みちこ》皇太子妃に二人の男子が授かったことで、皇位継承をめぐる議論はしばらく下火になった。しかし一九九〇年代に入ると、「一・五七ショック」（九〇年に合計特殊出生率が戦後最低を記録）など日本社会にも少子化の波が押し寄せ、皇室でも宮家には皇族女子の誕生が続いたが、どういうわけか、皇太子の第二子である文仁親王以降、なかなか皇室には男子の誕生がなかった。

こうした流れを受けて発足した前述の有識者会議では、世襲による継承を安定的に維持するため、皇位継承資格を女子や女系の皇族に拡大する案が検討された。この年、天皇家の長女、紀宮《のりのみや》（清子内親王《さやこないしんのう》）が結婚し、皇籍を離れたため、内親王三人、女王五人と若い世代には皇族女子が八人を数えた。しかし当時、皇太子・秋篠宮の次の世代には一人の皇族男子の誕生もなかった。

有識者会議も男系男子の皇位継承資格者の不在を深刻に受け止め、いまこそ女性天皇や女系天皇について正面から議論すべきと考えた。報告書を参考にしながら、女子や女系による皇位継承について考察を加えておこう。有識者会議はこの論点を検討するにあたり、「安定性」、「国民の理解と支持」、「伝統」の三つの基本的視点に着目した。

第一に「安定性」の視点からは、女子・女系への拡大によってかなり多くの皇族が皇位継承資格を有することになるため、格段に安定性が高まることが想定される。ここで参考資料をみると、たとえば現世代の皇族を五人と仮定すると、男系と女系、男子と女子を区別しないという条件で試算した場合、その子孫は、子の世代で六・四五人、孫の世代で八・三二人、曽孫の世代で一〇・七三人と増加する（「皇室典範に関する有識者会議報告書」）。

第二の「国民の理解と支持」の視点は、象徴天皇制ゆえにとりわけ重要である。もちろん一般の指導者などとは異なり、皇位とともに受け継いできた皇室の伝統文化の体現者であることも、男系か女系か、あるいは男女の区別と同様に、象徴天皇制に求められる要素といってよかろう。

第三の「伝統」という視点については、古来男系により継承されてきたという価値は可能な限り尊重されるべきであろう。もちろん報告書が指摘するように、憲法が定める皇位継承の基本的原則である世襲が最も重要な伝統であることはいうまでもない。

よって、皇位継承の安定性が損なわれる恐れがあるときは、皇位継承資格を女系の皇族に拡大することも、世襲という最も基本的な皇位継承の伝統を守るうえで、合理的な選択といえよう。現在の皇室においては、男系継承それ自体が不安定化している。男系継承を貫こうとすると、最も基本的な伝統である「世襲」そのものを危うくすることになろう。

いま、現代を生きる我々は、国民の意識や社会の変化を踏まえて、皇位継承制度の抱える矛盾を解消するという時代的要請に直面している。我々日本の国民が解決を迫られている重要な課題は、将来にわたって象徴天皇制を維持するため、いまこそ安定的な皇位継承を実現することであろう。

皇室典範第一条が定める男系男子の皇位継承資格を確保することは、しだいに困難になってきた。すでに述べたように、戦後、皇位継承資格を嫡出に限定したことや少子化など社会の変化がその背景にある。皇室といえども、少子化など変化する社会環境の埒外《らちがい》に置かれるはずもない。

これまで男系継承を支えてきた歴史的社会的諸条件の変化に伴い、男系の皇族による皇位の継承はしだいに不安定化してきた。いま求められているのは、皇位継承の最も基本的な伝統である世襲の原則を維持するため、皇位継承資格を女子や女系の皇族に拡大し、もってより安定的な皇位継承を実現することであろう。

大きな歴史的流れとしては、傍系継承からしだいに直系継承へと変遷し、これが定着した。古くわが国の皇位継承は世代内継承（傍系継承、兄弟姉妹間継承）であった。世代内継承は、まず天皇の子の世代（同一世代）の兄弟姉妹が順番に皇位を継承し、同世代の継承者が尽きると、次の孫の世代へ皇位が移る。子から孫への直系継承に比べ、兄弟姉妹間の継承の方が相対的にみて互いの年齢が近く、同一世代であるため成年の天皇が続いて即位し、皇位がより安定する（拙著『新・皇室論』）。

直系継承は子から孫への世代間の継承であり、兄弟姉妹間の継承よりも相対的に年齢が離れるため、比較的多くの幼帝や女帝が誕生し、皇位は不安定化しやすい。

わが国の長い皇位継承の歴史を概観すると、七世紀中葉までの大化《たいか》前代はおおむね世代内継承が支配的であった。この間、天皇家（大王家《おおきみけ》）とその外戚であった蘇我本宗家《そがほんそうけ》により、世襲王権が誕生した。七世紀後半の大化以降は直系継承へとしだいに変遷し、これが定着していった。後者の飛鳥《あすか》時代から奈良時代にかけての日本では、東アジア世界に覇権を拡大した唐《とう》帝国の影響下に中国式の直系継承ルールが導入された。

直系継承への移行に伴い、わが国には多くの女帝が輩出され、その統治能力はときに不安視された。しかし律令国家《りつりょうこっか》の成立とともに、官僚組織も格段の発展を遂げ、王権を背後から強力に支えた。これ以降、天皇家の外戚として藤原《ふじわら》氏が政治的に台頭し、官僚組織を統御する太政官を掌握した。天皇の権力は形骸化《けいがいか》したが、幼帝も藤原氏を後ろ楯に王権は安定していった（拙著『天皇と官僚』）。

近世までは皇位継承順位はあくまで慣習の域を出なかった。近代以降、西欧化の進展に伴って制度化が進み、初めて成文法として明治典範が成立し、皇位継承順位が定められた。この点でも、現行典範は明治典範をおおむね踏襲したといえよう。

現行の皇位継承制度においては、継承の順位として、まず天皇の直系子孫が優先される。そのうえで子孫の間では年齢順とし、長男とその子孫、次男とその子孫という具合に優先順が決まっている。これにつぎ、近親が優先される。

皇位継承資格を女子や女系の皇族に拡大する場合には、長子優先や男子優先などいくつかの類型が考えられる。皇位継承順位は、憲法が象徴天皇制や皇位の継承を世襲と定めていることを踏まえると、やはり国民にわかりやすい直系継承がふさわしいと考えられる。これに加え、帝王教育の早期開始を考慮すれば、長子優先が最も合理的といえよう。

天皇の身近で生まれ育った皇族が皇位を継ぐのが望ましいことはいうまでもなかろう。やはり皇室であっても、天皇家や宮家に生まれた子は、親である天皇や宮家の当主の背中をみて育つからである。さらにもう一点。令和を生きる我々が現に目の当たりにしている事実にほかならないが、それは皇太子の不在である。

皇太子の不在が起きるのは、傍系継承の場合である。現行法で傍系継承とは、皇太子に子がないか、子がいても女子の場合に、男子のいる弟に皇位が移る場合の継承をいう。この場合には、兄である皇太子の即位により、皇位継承順位第一位となる弟は兄天皇の子ではないため、皇嗣となる。

いったん皇位継承順位が定まると、「皇嗣に、精神若しくは身体の重患」あるいは、「重大な事故」でもない限り、安易に継承順位を変えることはできない。皇位継承制度を安定させるうえからも、あまり継承順位を変更することは好ましくない。

皇位継承資格を皇族女子に拡大した場合、男子優先の場合は、即位する前に姉と新たに誕生した弟との間で継承順位が入れ替わることになる。これに対し、長子優先とした場合は、出生順に継承順位が定まる。国民の期待も反映し帝王教育の方針もより早く決められるため、制度としてわかりやすく、安定している。

今後、安定的な皇位継承を実現するため、皇族女子に皇位継承資格を拡大した場合、これに伴って皇族の数が増加する。有資格者となった皇族女子が婚姻後も皇室にとどまり、その配偶者や子も皇族となる可能性が生じるためである。

皇族の規模を適正化するため、現行の永世皇族制や皇籍離脱制度の再検討が必要である。前者については、世数で限定するか否かが問われる。後者についても、離脱の条件をめぐり設けられている男女間格差をなくす方向での調整が求められる。これには、さらに少子化の動向を踏まえた検討が必要であろう。

たとえば、現行の制度においては、親王は自らの意思により皇籍を離脱することはできない。これに対し、内親王は王や女王と同様に、自らの意思で皇籍を離脱する道が開かれている。世数とは皇族の範囲のことで、嫡出の皇子と嫡男系嫡出の皇孫は、男を親王、女を内親王とし、三世以下の嫡男系嫡出の子孫は、男を王、女を女王とする。

二、少子化と制度疲労

今後、もし内親王が皇位継承資格を有することになれば、原則として内親王も親王と同様に、自らの意思による離脱ができないようにするべきかどうか検討を要する。有識者会議の報告書にも記されたように、女性天皇や皇族の配偶者の制度や皇室経済制度の検討も求められよう。野田佳彦《のだよしひこ》内閣以降、少子化は皇室も例外でなく、それまでの議論とともに「皇族数の減少」への対応が重視されるようになった。

有識者会議の動きが連日報じられると、関係団体やマスメディア、世論など様々なアクターを中心に活発な議論が展開された。この議論の多くが当初から「男系対女系」という二項対立の構図で取り上げられることが多かったため、注目を集めた割に皇位継承問題に対する正確な理解が深まらず、「女性天皇」と「女系天皇」の違いの説明に多くの時間が割かれた。

将来的には皇位継承資格を女子・女系の皇族にまで拡大するべきか否かを検討することが求められよう。しかし憲法は天皇の地位について、「国民の総意に基く」としており、女性・女系拡大を支持する世論とともに、少数意見である男系継承の維持を求める人々の意見

一〇代八人の女帝

歴代の女帝	在位	婚姻の有無	即位前の身分
第33代　推古天皇	592～628年	寡婦	皇后
第35代　皇極天皇	642～645年	寡婦	皇后
第37代　斉明天皇	655～661年	寡婦	皇祖母尊
第41代　持統天皇	690～697年	寡婦	皇后
第43代　元明天皇	707～715年	寡婦	皇太妃
第44代　元正天皇	715～724年	未婚	内親王
第46代　孝謙天皇	749～758年	未婚	皇太子
第48代　称徳天皇	764～770年	未婚	太上天皇
第109代　明正天皇	1629～1643年	未婚	内親王
第117代　後桜町天皇	1762～1770年	未婚	内親王

斉明天皇は皇極天皇の重祚、称徳天皇は孝謙太上天皇の重祚。

も尊重されねばならない。

皇位継承の歴史や伝統を踏まえれば、男系継承を優先したうえで女系継承へ拡大すべきか問われるべきであろう。できるだけ民主的な見地に立った議論が必要であり、柔軟で建設的な意見集約が求められている。

男系継承を維持する立場であっても、論者により考え方は多様である。男系継承を根本的に確立した原理とみる見地もある。なかには男系のみが皇統であるとする見解もある。より柔軟な考え方としては、原則として男系を尊重するが、皇統の危機が迫れば女系拡大を選択することが挙げられよう。

男系派の中にも女系の天皇は認めないが、女性天皇の即位は問題ないという考え方もある。女性天皇は現にわが国の歴史上に一〇代八人の在位が確認され、しかもみな男系の女子であったことが理由として挙げられる。この女性天皇らは在位中に結婚も出産もしておらず、それは女系の天皇を避けるためであったと理解されている。

しかしいったん女性天皇を認めると、その子は男女にかかわりなく女系となり、国民が直系を強く望むと女系への道を開く圧力が高まることが予想される。女性天皇を安易に認めると、たちまち女系の天皇の誕生につながるとして、男系派の多くは女性天皇にも慎重である。野田内閣のときに議論された「女性宮家の創設」も、男系派は女系への拡大を懸念して反対した。女性宮家を認める場合には一代限りとする方策もあるが、これではさして皇位継承の安定化にはつながらない。

一方、男系継承をできるだけ維持する方策としては、旧皇族の男系男子を皇族とすることが提案されてきた。しかしその場合には、対象となる子孫が果たして現れるか、あるいは国民の理解が得られるかなど、必ずしも安定的な供給源にはなりえないと考えられる。

また、対象である旧皇族の男系男子は旧伏見宮系であり、現在の天皇家の血統とはおよそ六〇〇年前の南北朝時代まで遡《さかのぼ》らねば、つながらない。こうした遠い血縁関係が憲法第二条の「世襲」にあてはまるか、同第一四条の「門地による差別」に反しないかなど、様々な疑問が投げかけられている。

仮に現在我々と同様に国民である旧皇族の子孫の中から皇族になってもよいという者が現れたとしても、これを国民が皇族として受け入れるか否かは未知数である。したがって、この方策はセーフティネットとして必ずしも十分とはいえないであろう。それでは安定的な皇位継承にはつながらない。とはいえ、女性・女系拡大案も実際上、問題がある。

二〇〇五（平成一七）年に有識者会議の報告書が提出されたが、翌〇六年に悠仁親王が誕生し、前提は大きく変化したと理解されたのである。報告書は結びに「今後、皇室に男子がご誕生になることも含め、様々な状況を考慮したが」と記したが、同年九月に親王が誕生し、これに加えて自民党保守派の安倍首相率いる第一次内閣が発足すると、議論は棚上げされた。すでに秋篠宮紀子《きこ》妃《ひ》の懐妊が明らかになった同年二月、小泉首相は通常国会への皇室典範改正法案の提出を断念した。生まれてくる子の性別がわからないうえ、やはり出産までは静かに見守るべきとの空気が強かった。

しかし当時、一部には政府のこうした対応に懸念を示す声もあがっていた。筆者も『中央公論』二〇〇六（平成一八）年四月号に、改めて皇室典範改正に向けた議論の必要性を指摘し、「大局を見失うべきではない」と注意を喚起した。秋篠宮家に男子が誕生し、男子による皇位継承が可能になったとして、それで問題はすべて解決されたのか疑問は残った。

そもそも前年行われた有識者会議が短期間に報告を提出したのは、皇位継承がかなり不安定化し、皇統の危機が迫っているとの認識があったからではないか。当時の皇室は、秋篠宮誕生以来、およそ四〇年間にわたり男子に恵まれていなかった。

たとえ秋に男子が誕生しても、天皇の孫の代には親王一人だけで、いずれ三人の内親王や五人の女王が婚姻により皇籍を離れれば、皇位継承は不安定化しかねなかった。これに加えて、宮家の将来にも不安があった。このままゆくと、男子のいない三笠宮家や高円宮家《たかまどのみや》は絶家となる可能性がある。宮家や皇族の減少も皇位継承をはじめ皇室制度を不安定化させる。

しかし同年秋に発足した安倍内閣は、悠仁親王の誕生により、それまで議論されてきた有識者会議の報告書を事実上白紙にした。確かに男子の誕生により議論の前提は変わったが、果たして皇位継承が十分に安定化したか、依然として懸念は残った。

悠仁親王の誕生後も、宮内庁の羽毛田信吾《はけたしんご》長官は会見で「問題の解決にならない」との認識を示した。当時、明仁天皇の次の世代には、皇位継承資格者として皇太子と秋篠宮の二人の男子が誕生したものの、婚姻により八人の皇族女子が皇室を離れれば皇位継承は不安定化しかねない。よって将来、悠仁親王のもとに嫁ぐ女性が現れず、あるいは現れても男子の誕生がなければ、再び同様の問題に直面しないとは限らない。

同親王よりも年長の三人の内親王が結婚せず、皇室にとどまる何らの保障もなかった。他の宮家の女王らについても、同様のことがいえる。現にその後、二〇一四（平成二六）年に高円宮家の二女、典子女王《のりこじょおう》、二〇一八年に同家の三女、絢子女王《あやこじょおう》、そして二〇二一（令和三）年に秋篠宮家の長女、眞子内親王《まこないしんのう》が婚姻により皇籍を離脱した。現在、残る女性皇族は五人である。

羽毛田長官時代のもう一つの懸念は、明仁天皇の健康問題であった。長官は会見で、天皇のご不例（病気）にふれ、「ご心痛」の原因を「皇統をめぐるお悩み」と忖度した。いまにして思えば、この頃天皇は加齢による体調不良から将来を憂慮し、いわゆる「生前退位」に思いをめぐらせていたのかもしれない。

天皇は当時、持病の虚血性心疾患が悪化し、これに負担の重い公務や宮中祭祀《さいし》などの過労が重なることが懸念された。お世話役の宮内庁も天皇の負担を慮《おもんばか》り、その原因を皇族の減少に求めた。宮内庁幹部はこの「火急の案件」を内閣に伝えるべく、息をひそめてその機会をうかがっていたとみられる。

鳩山由紀夫《はとやまゆきお》内閣が中国の習近平国家副主席（当時）の特例会見（二〇〇九年一二月、中国の要請を受けた鳩山内閣が、「一か月ルール」を破り、明仁天皇と習国家副主席の会見を宮内庁に強要した）をゴリ押しし、つづく菅直人《かんなおと》内閣も東日本大震災の惨禍に遭遇した。そのため、同案件の内閣への伝達は延び延びとなっていた。野田佳彦内閣の発足により、ようやく問題提起のチャンスが巡ってきたのである。

読売新聞は二〇一一（平成二三）年一一月二五日付朝刊一面トップで、宮内庁が野田首相に「女性宮家創設」の検討を要請したと報じた。同紙はやはり翌二六日の朝刊トップでも、この問題を続報した。

それによると、宮内庁は、女性皇族が婚姻後も皇室にとどまることを可能にする「女性宮家」の創設に向け、内閣に検討を促した。しかし前日の報道にみられた「女性の皇位継承視野」なる論調は明らかに後退し、「女系」議論とは切り離しとブレーキが踏まれた。

女性宮家の創設には、皇室の活動の維持と安定的な皇位継承という象徴天皇制の存続のために不可欠な二つの側面がある。両者は分かち難く結びついており、「切り離す」のは容易ではない。そのため、政府が「皇位継承問題は切り離して」といえばいうほど、男系派の疑念は深まるばかりであった。

宮内庁が内閣に伝えた危機感とは、あくまで皇族の減少に伴い困難になる皇室の活動の維持であった。筆者らが行ったインタビューにおいても、藤村修《ふじむらおさむ》官房長官（当時）は「決して女性天皇をわれわれが認めるなどとか、そういう方向に道を開くなどと一言も言ってないし、その気もなかったはずです。野田さんにもですね」と明言した（慶應義塾大学皇室制度研究会インタビュー）。

宮内庁は内閣府に置かれ、日々皇室のお世話にあたる実務的な官庁である。同庁は皇室の事情に最も精通しているが、皇室制度全般を規定する皇室典範は内閣官房の所管であり、同法の改正に直接的に関与することは憚られる立場にある。よって詳しくは、以下のような経過を辿ることになった。

羽毛田宮内庁長官は二〇一一（平成二三）年一〇月五日、就任早々の野田首相を官邸に訪ねた。席上、長官は首相に対して、今後皇族の減少により皇室の活動に支障をきたす旨を「火急の案件」として伝えた。折しも秋篠宮家の長女、眞子内親王が同月二三日に成年を迎える機会を捉えた機敏な行動であった。

しかし政府の動きが表面化するには時間を要した。宮内庁の説明を受けて内閣の動向が報じられたのは、翌月下旬のことであった。こうして読売新聞は、同年一一月二五日の朝刊一面トップで、政府による女性宮家創設の検討を報じた。

この報道を受け、同日午前の藤村官房長官の定例会見で記者から質問が飛んだ。実際に会見の模様を首相官邸のホームページ（録画）で確認すると、このときの皇室制度の検討が皇位継承ではなく、あくまで緊急性の高い皇室の活動の安定化を対象としていたことがわかる。

その後、野田元首相に対する毎日新聞や朝日新聞の取材などから、当時の政府内部の動きがわかる。これに加え、筆者らが独自に行った藤村長官、斎藤勁《さいとうつよし》・長浜博行《ながはまひろゆき》両副長官へのインタビュー調査から、同問題をめぐる政権首脳の取り組みの一端が浮き彫りになる。

野田元首相によれば、「当時の羽毛田信吾・宮内庁長官から、皇族数の減少に対する危機感が伝えられたのがきっかけだ。宮内庁サイドには女性宮家創設に期待する向きがあった」

という。元首相はつづけて、「同じころ、女性・女系天皇の容認を検討した小泉内閣の関係者からも、女性宮家を検討してはどうか、という提案を受けていた」と振り返る（二〇一七年七月二九日付朝日新聞）。

毎日新聞政治部の野口武則《のぐちたけのり》記者（現同政治部副部長）の取材から、「小泉内閣の関係者」とは中川秀直《なかがわひでなお》元自民党幹事長であることが、のちに明らかになっている（野口氏へのインタビュー調査による）。小泉内閣時代に同氏は自民党の国会対策委員長や政調会長の職にあり、小泉首相の側近として皇位継承問題にも関与していた。

かねてより皇位継承問題に関心をもっていた筆者はこの頃、同問題の解決には制度設計だけでなく、手順の研究がより重要と考えるようになっていた。そこで憲法、歴史、政治思想史、政治理論、政治史の専門家らを集め、研究会を都内で定期的に開催し、その成果をまとめて二〇一一（平成二三）年八月、官邸と宮内庁に提言した。

ともあれ、同年三月に発生した東日本大震災は甚大な被害をもたらし、民主党政権を直撃。当時、官邸も震災復興に忙殺されていた。一方同政権は、消費税という大きな政策課題も担っていた。そもそも皇室制度の改革に必要な皇室典範の改正をめぐっては、「リスクが大きい割に、票にならない」というのが政界の一般的な受け止めであった。

しかし、宮内庁からの要請を受けた野田首相は皇室制度の検討を決断し、直ちにこれに着手した。藤村官房長官や斎藤・長浜両副長官らがその後明らかにしたように、ひとえに当時の野田首相の政治決断と指導力が大きな影響を及ぼしたことはまちがいない。二〇一一年一〇月五日の「首相の動静」にみえる「羽毛田宮内庁長官、竹歳《たけとし》（誠《まこと》官房―引用者）副長官同席」との記事は、毎日の野口記者の取材によると、「野田氏は首相就任直後にさまざまな方面から助言を受け、野田氏の方から羽毛田長官を呼んだ」と類推される。風貌《ふうぼう》に似合わず、野田佳彦は情熱の政治家である。凶弾に倒れた安倍元首相の追悼演説からも、そうした一面がうかがえよう。

藤村官房長官へのインタビューでも、同氏は「（野田首相は―引用者）私には『女性宮家のことを何とかしないといけないね』とおっしゃっていた」とし、さらに「野田総理が、割に個人的にもそのことは非常に敏感に、急ぐ話だというふうに据えたからだと思います」と回顧する（慶應義塾大学皇室制度研究会インタビュー）。

藤村氏によれば、「実は党（民主党―引用者）とはほとんど相談してません」とし、「民主党も野田さんが割に民主党の中間的なところを、うまく常に感知、察知する人なので。多分野田さんの意見は、割に民主党的意見だったと思うんですね。つまり女性宮家については、これを必要なら法律改正、つまり皇室典範を改正して、存続できるようにというのが考え方だったと思います」と振り返る。

それでは、実際にこの年一〇月五日に首相官邸ではどのような内容の話がなされたのであろうか。野田首相の心を大きく揺さぶったのは、羽毛田長官の皇統の存続をめぐる危機感であったにちがいない。おそらく話の中心は皇室の活動の維持ではなく、皇位継承問題であったはずである。

毎日新聞のベテラン皇室記者、大久保和夫《おおくぼかずお》氏は「上御一人《かみごいちにん》」というように、皇室においては天皇が最高位にあり、天皇の意思ですべて動くとしたうえで、「陛下が、やはり、何とかできないだろうかという思いがあったからこそ、羽毛田さんが一生懸命、野田内閣に働きかけて。女性、女系天皇というと、いろいろと賛否両論、国論が二つに割れかねないから、皇族の減少を防止する、それを少なくとも、これ以上、減らさないようにするために女性宮家の創設ということで、やったらどうかということを野田内閣のほうに言って」と経緯を説明する。大久保氏によれば、長官退任後の取材に、羽毛田氏は暗に真意が皇位継承問題にあったことを認める含みのある表現を使ったという。

首相の決断により、内閣官房は二〇一二(平成二四)年の二月から「皇室制度に関する有識者ヒアリング」を開催した。斎藤(衆院)・長浜(参院)・竹歳(事務)の三人の官房副長官のほか、園部逸夫《そのべいつお》内閣官房参与と牧野尊行《まきのたかゆき》宮内庁長官官房審議官が出席し、原勝則《はらかつのり》内閣総務官の司会で毎回二名の有識者から意見聴取が行われた。ヒアリングでは、女性皇族が婚姻に伴い皇籍を離脱し皇族数が減少すると、皇室の活動の維持が難しくなるという課題について質疑応答が繰り広げられた（首相官邸ホームページ、皇室典範改正準備室）。

政府は同年一〇月五日、有識者ヒアリングを踏まえて皇室制度に関する論点整理を公表した。婚姻後も皇族の身分を保持することを可能とする案（配偶者や子に皇族の身分を付与する案、付与しない案）、皇籍離脱後も皇室の活動を支援していただくことを可能とする案が示された。

論点整理ではまた、女性皇族が婚姻により皇籍を離脱することによって皇族数が減少し、皇室の活動が困難となることに強い危機感が示された。政府は本人の意思を尊重することを前提に、女性皇族らに皇室の活動に対する支援を期待した。

女性皇族が婚姻後も皇族の身分を保持しうるとした場合、その配偶者や子に皇族の身分を付与すべきかは、両論併記とした。また、一部の識者からは、女性宮家の創設が将来の女系天皇につながり、皇室の伝統に反するとの反発の声が聞かれたため、創設する場合も、一代限りとする案などが示された。女性皇族が結婚後に皇籍を離れても、国家公務員として皇室の活動を支えうるとの選択肢も挙げられたが、これでは皇族の減少には歯止めがかからないことはいうまでもない。

公表された論点整理はまもなくパブリックコメント（意見公募）に付され、年末に結果が公表された。この間、二六万件を超える意見が寄せられたが、同一人物による複数回答など適切な回答といえないものが散見された。その後、総選挙の結果を踏まえて発足した第二次安倍内閣は、同案の先送りを表明した(岩波祐子「「安定的な皇位継承」をめぐる経緯——我が国と外国王室の実例」)。

三、「生前退位」から典範改正へ

ついで皇室をめぐり激震が走ったのは、二〇一六(平成二八)年七月一三日夜七時のNHKニュースであった。いわゆる「生前退位」のスクープがそれである。報道によれば、天皇が生前に皇太子にその地位を譲る「生前退位」の意向を宮内庁関係者に伝えていたことがわかった。筆者はたまたまこの夜、自宅で報道に接し大変驚いた。ニュースが終わるや否や、新聞社などから取材の電話が入った。

全国紙の記者と話している間に、宮内庁次長の会見が始まり、取材は一時中断した。電話越しに、宮内記者会の混乱ぶりが手に取るようにわかった。会見で山本信一郎《やまもとしんいちろう》次長は「生前退位」報道を言下に否定した。しかしその後も一部では、この情報の出処は宮内庁関係者で、これに官邸はひどく立腹しているとの報道が流れた。

第二次安倍内閣以降、官邸と宮内庁の関係は冷え込んだとされる。内閣による皇室の政治利用ともとれる言動に宮内庁はことごとく反発し、内閣に対する宮内庁の苦言は、天皇の意向を受けた同庁長官の注意喚起であるとも報じられた。高円宮久子《ひさこ》妃《ひ》のＩＯＣ（国際オリンピック委員会）総会でのスピーチは、東京オリンピックの招致活動とともとられかねなかった。リベラル系のメディアを中心に、「右寄り」とされた内閣による皇室の政治利用であるとの批判の声があがった。

天皇（現上皇）は即位に際して日本国憲法の遵守《じゅんしゅ》を誓い、象徴の立場からつねに国民に寄り添いつつ、皇后（現上皇后）とともに熱心に公務を果たしてきた。とりわけ天皇は戦没者の慰霊に心を砕き、戦後の節目の年には沖縄や広島、長崎にとどまらず、先の大戦で激戦地となったサイパンやパラオなど海外にも慰霊の旅を続けてきた。よって、天皇は概して護憲派の象徴とみられがちであった。

一方、安倍首相は若かりし頃から、ひたすら憲法改正に熱心に取り組んできた。第一次内閣では国民投票法を成立させ、二〇一五（平成二七）年には厳しさを増す安全保障環境を念頭に、集団的自衛権の限定的行使を可能とする安保法制の整備を実現した。そしてついに、二〇一六年七月一〇日の参議院選挙で悲願の衆参両院で三分の二の改憲議席を獲得したのである。

安倍首相が改憲に向け大きな一歩を踏み出そうとしたその矢先、同月一三日にかの「生前退位」の意向が報じられた。安倍官邸に衝撃が走った。菅義偉官房長官や北村滋《きたむらしげる》国家安全保障局長ら永田町の政権幹部らは、一様に思いも寄らぬ報道に驚き、それはたちどころに激しい怒りに変わったとされる。

すなわち安倍政権にすれば、ほんの三日ばかり前に衆参三分の二の改憲議席を握ったばかりである。そこに天皇の「生前退位」が降って湧《わ》いた。「生前退位」の実現には皇室典範の改正が必要であり、それには一年くらいはかかる。これで念願の憲法改正はまたしても遠のいた。したがって、「生前退位」の報道は安倍首相にとって十分に護憲派の反撃ととれたにちがいない。

しかし官邸にすれば、相手が陛下では分が悪い。天皇が「生前退位」の意向を本当に宮内庁関係者に伝えていたとすれば、天皇の国政関与を禁じる憲法第四条に違反する恐れがあった。報道が事実なら、こうした情報漏洩《ろうえい》は実に不穏当といわねばならない。

その少し前に筆者は宮内記者会の記者から、宮内庁の風岡典之《かざおかのりゆき》長官の度重なる官邸訪問の話を聞いていたが、それがまさかこんなことだとは思いも寄らなかった。有識者会議の座長代理を務めた御厨《みくりや》貴《たかし》氏（東京大学名誉教授）がいうように、宮内庁は矩《のり》を踰《こ》えたのだろうか（御厨編著『天皇退位 何が論じられたのか』）。

「生前退位」の報道も、こうした流れのなかで浮上した。前述のように、宮内庁の風岡長官は繰り返し官邸を訪れ、頻繁に杉田和博《すぎたかずひろ》官房副長官と会談を重ねていた。風岡長官はこのとき官邸に天皇の「譲位」の意向を伝えたが、杉田副長官は「摂政の設置」を繰り返すばかりだったとされる。

官邸も怒り心頭に発し、宮内庁を厳しく批判したといわれる。これだけの重大な問題であるから、安倍首相や菅官房長官ら政権幹部が知らぬ存ぜぬでは済むまい。事態はついに同年八月八日、天皇のビデオメッセージ（「象徴としてのお務めについての天皇陛下のおことば」）へと推移していった。

実際には、すでに前年から、官邸と宮内庁の間で天皇のビデオメッセージの内容が詰められていた。そもそも、おことばは天皇が自身で筆を執るが、文案には「摂政ではだめ」との趣旨のくだりもあり、官邸側が難色を示して宮内庁との間で手直しが繰り返された。官邸官僚は文案をなかなか譲らない天皇の頑固な姿勢に辟易《へきえき》していたという。

天皇はその前年一二月二三日、八二歳を迎えた。二〇〇三年には前立腺《ぜんりつせん》がんの手術を、二〇一二年には心臓冠動脈のバイパス手術を受けたことが報じられた。お世話役の宮内庁も侍従職などが中心となって、日頃から高齢の天皇の体調管理にあたり、負担の重い公務の見直しを進めてきた。

明仁天皇は生来、生真面目《きまじめ》で国民を慈しみ、強い責任感と熱意をもち公務に臨んだ。したがって、宮内庁は公務を軽減するよう進言したが、天皇はこれをなかなか聞き入れなかったとされる。そこへ突然、「生前退位」が報じられた。

前述のように、この報道に対して、宮内庁の山本次長は当初、これを打ち消した。おそらく象徴天皇が「生前退位」の意向を表明したとなると、「国政に関する権能を有しない」と規定する憲法に天皇自らが抵触したとの疑義を生じないとも限らないからであろう。

天皇は数年前から、周囲に「生前退位」の意向を伝えていたという。前年のお誕生日会見でも、天皇は「年齢というものを感じることも多くなり、行事の時に間違えることもありました」と、自身の加齢について率直に言及していた。生来責任感の強い天皇は、象徴天皇にふさわしい務めを果たせる者が天皇の位にあるべきと考えた。

それでは天皇の意向を忖度して、「生前退位」を実現することは可能であろうか。皇室典範第四条には「天皇が崩じたときは、皇嗣が、直ちに即位する」とあり、皇位の継承は天皇崩御の際と定められている。ここにいう「皇嗣」とは、皇位継承順位第一位の皇族をさし、当時であれば、それは徳仁《なるひと》皇太子であった。

現行の皇室典範には「生前退位」に関する規定はない。これを実現するには、皇室典範の改正や特別立法など何らかの立法措置が必要であった。皇室典範は憲法の下位法の一つで、改正には通常の法律と同様に、衆参両院で過半数の賛成により可決すれば足りる。

憲法の場合とは反対に、現行の皇室典範は多くの点で戦前の明治皇室典範を踏襲した。天皇の終身在位制もそのひとつである。また、新旧皇室典範いずれの制定過程においても、終身在位制がすんなりと決まったわけではない。

明治皇室典範の起草において、立法作業にあたった井上毅《こわし》と柳原前光《やなぎわらさきみつ》が歴史上の慣例である譲位の制度化を主張したものの、藩閥以外の政権による天皇の政治利用を恐れた伊藤博文の強硬な反対により葬り去られた。

現行の皇室典範に「生前退位」を規定するか否かについても、戦後まもなく設けられた臨時法制調査会において、女性皇族の皇位継承権などとともに審議された。しかし当時、「退位」の問題は昭和天皇の戦争責任とも密接に関係していただけに、GHQとの折衝や帝国議会での審議でも紛糾した。宮内省は、昭和天皇が戦争責任を負って退位することだけは避けたかったのである（拙著『女帝誕生』）。

その後、国会でも天皇の「生前退位」が繰り返し取り上げられた。一九八四（昭和五九）年の質疑では当時、答弁に立った山本悟宮内庁次長が皇室典範に退位の規定がない理由に次の三点を挙げた。㈠退位を認めると上皇や法皇などの存在が弊害を生む恐れがある、㈡天皇の自由意思に基づかない退位の強制がありうる、㈢天皇が恣意的に退位できるようになる、というのがそれであった。

天皇の意向による「生前退位」は、国政に対する権能を有しない象徴天皇を定める憲法に反するとの見解がある一方、憲法や皇室典範には「生前退位」を禁じる規定はなく、そのため皇室典範の改正などによって実現可能であるとの意見もある。

そこで重要なのは、天皇の地位の安定性を確保するとともに、「この地位は、主権の存する日本国民の総意に基く」(憲法第一条)とする憲法の理念を踏まえて、広く国民的な議論に委ねることであろう(拙稿「制度疲労を起こした皇室典範」『中央公論』二〇一六年九月号)。

ひるがえって、退位特例法の立案、審議過程に着目すると、天皇がビデオメッセージで表明した意向をいかに憲法に抵触しないように立法化するかが、やはり最大の懸案であった。二〇一六(平成二八)年九月に発足した安倍首相の私的諮問機関「天皇の公務の負担軽減等に関する有識者会議」は、専門家の意見を徴したうえで、「生前退位」は容認するものの恒久化は難しいことを確認した。

同年一一月、有識者会議は専門家からヒアリングを行い、このとき筆者は天皇の退位について、特例法の制定、皇室典範の改正のいずれにも反対した。その理由として、筆者は「天皇と前天皇が共存することは国民の混乱を招きかねず、憲法の定める象徴としての国民統合の機能が低下するおそれがある」と説明した(「第四回天皇の公務の負担軽減等に関する有識者

会議議事録」内閣官房皇室典範改正準備室）。

そもそも皇室典範は退位を想定しておらず、その規定もない。まず、天皇の公務の負担軽減を模索すべきである。天皇の高齢化への対応としては、天皇が在位のままでも身体的精神的負担がないよう公務を最大限縮小し、分担することが肝要である。安易に恣意的退位を認め、皇位の安定性を危うくするのは本末転倒といえる。

特例法であってものちに先例となることは明らかであり、将来退位を制度化するとなれば、制度論として上皇と天皇の二重権威についても、慎重な検討が必要である。それはもちろん、現在の上皇と天皇の間に二重権威が想定されるということではない。また、たとえ長期化したとしても、天皇と摂政の間に二重権威が生じるということは制度上ありえない。

一方、国会も翌二〇一七（平成二九）年一月、衆参両院議長らが中心となって、意見の取りまとめを決定した。安倍首相は同月二四日、衆参両院議長らに有識者会議の論点整理を報告し、意見集約を要請した。これを受けて、国会でも今上天皇一代限りの特例法か、皇室典範の改正に踏み出すか、議論された（「天皇の退位等についての立法府の対応について」）。

このとき、国会では同時に、女性宮家の創設、皇位継承資格の女性・女系への拡大や旧皇族の男系男子子孫の復帰など、皇位継承の安定化にも議論が及んだ。正副議長の下で取りまとめられた案においては、今回の退位が将来に向けて先例となることが確認され、皇位の安定的継承のための女性宮家の創設などについて、政府が退位特例法の施行後、速やかに検討を進めることで各党各会派のおおよその合意が形成された。

同年四月二一日、有識者会議が最終報告書を公表し、特例法によって一代限りの退位を認める方針が示された。報告書の「おわりに」では、明確に皇族の減少にふれ、「皇族数の減少に対してどのような対策を講じるかは一層先延ばしのできない課題となってくる」と指摘された(「天皇の公務の負担軽減等に関する有識者会議最終報告書」)。

皇族の減少は皇室の活動や皇位継承だけでなく、皇室典範が規定する摂政や皇室会議を構成する皇族の議員や予備議員の確保などにも影響を及ぼす。規定では四人の成年皇族が必要であり、これを割り込めば、皇室会議の見直しが必要となろう。同様に、国事行為の臨時代行の制度も、皇族の減少により再検討の余地が生まれてこよう。

政府は同年五月一九日、国会での議論を踏まえて、特例法案を閣議決定し、国会に提出した。これを受け、六月一日に衆議院が議院運営委員会において全会一致により、ついで翌二日に本会議で可決された。参議院では同月七日に特別委員会で、さらに九日に本会議でともに全会一致で可決、成立された。

菅義偉官房長官は同月七日の参議院特別委員会で、女性皇族の婚姻等に伴う皇族の減少をめぐる問題について、政府としても各党各会派の協議や世論の動向に留意しつつ、検討を進める意向を表明した。

一方、国会においては各党各会派間の協議、調整を踏まえて、衆参同内容の附帯決議を付し、衆参両院で可決された。附帯決議には次のような内容が盛られた。

一　政府は、安定的な皇位継承を確保するための諸課題、女性宮家の創設等について、皇族方の御年齢からしても先延ばしすることはできない重要な課題であることに鑑み、本法施行後速やかに、皇族方の御事情等を踏まえ、全体として整合性が取れるよう検討を行い、その結果を、速やかに国会に報告すること。

二　一の報告を受けた場合においては、国会は、安定的な皇位継承を確保するための方策について、「立法府の総意」が取りまとめられるよう検討を行うものとすること。

（以下略）

特例法の成立を受け、大島理森《おおしまただもり》衆議院議長は記者会見において、政府に対して退位および即位など諸事を遺漏なく進めるよう期待を表明するとともに、皇位継承の実現後速やかに附帯決議を踏まえて安定的な皇位継承策を検討し、国会へ報告するよう求めた。

安倍首相は二〇一九（平成三一）年三月一三日の参議院予算委員会で、安定的な皇位継承について、「男系継承が古来例外なく維持されてきた」としたうえで、「附帯決議の趣旨を尊重し」女性皇族の婚姻等による皇族の減少について検討を進める考えを示した。しかし安倍首相の退陣により、この附帯決議については次の菅義偉内閣に委ねられることになった。

菅内閣は二〇二一（令和三）年三月二四日、安定的皇位継承など皇室制度を検討する有識者会議の第一回会合を首相官邸で開き、御代替わりの一連の儀式が終了したことから、皇室典範特例法（退位特例法）の附帯決議が求める皇位の安定継承などに向けて議論を開始した。皇族の減少等の諸課題を受け、安倍内閣が「天皇の公務の負担軽減等に関する有識者会議」と呼称した皇室典範特例法（退位特例法）のときに倣い、今回も「『天皇の退位等に関する皇室典範特例法案に対する附帯決議』に関する有識者会議」とした。

これについて、加藤勝信《かとうかつのぶ》官房長官は同日の記者会見において、「そのまま使った方が趣旨は明らか」との説明を加えた。安倍内閣と同様に、自民党内保守派を支持基盤とする菅内閣にとって、男系維持を主張する党内保守派への配慮から、曖昧な姿勢をとらざるを得なかった。そもそも党内基盤の弱い菅内閣は、国論を二分しかねない皇位継承問題には及び腰で、事を荒立てないよう意見集約を避けて無難な論点整理に終始したと報じられた。

有識者会議は同年一二月二二日、次の岸田文雄《きしだふみお》首相に報告書を提出した。報告書をみると、国会が政府に求めた「安定的な皇位継承」の検討、皇位継承策は先送りされ、皇族数の確保策にとどまったことがわかる。

同日の会合で座長の清家《せいけ》篤《あつし》氏（元慶應義塾長）が述べたように、有識者会議は「皇位継承について、悠仁親王殿下までの流れを前提にすべきであること、皇族数の減少が課題であること。これらの共通認識の下で多様な選択肢を提示することを心がけた」とされる。そのうえで、同会議は以下の三つの案を挙げた。

㈠女性皇族が婚姻後も皇族の身分を保持する
㈡皇族の養子縁組を可能とし、皇統に属する男系男子を皇族とする
㈢皇統に属する男系男子を法律により直接皇族とする

このうち㈢は、「国民の理解と支持の観点から」難しいとして、㈠と㈡で十分な数の皇族が確保できない場合に検討対象になるとした。

有識者会議は「特例法案に対する附帯決議」が要請する皇位継承と皇族数の減少への対応策を示すにあたり、基本的な考え方を整理した。皇位継承制度の安定性を追求しつつ、次世代の皇位継承者の存在や皇族方のこれまでの人生に十分配慮することを打ち出した。

そのうえで、報告書には「悠仁親王殿下の次代以降の皇位継承について具体的に議論する

には機が熟しておらず、かえって皇位継承を不安定化させるおそれがある」との慎重な姿勢を示した。

しかし、悠仁親王を除き未婚の皇族がみな女性であることを踏まえ、同親王が将来即位する頃には、女性皇族がみな皇室を去っている事態も想定される。そうした場合、皇族数が減少し、摂政や国事行為の臨時代行、皇室会議の議員など皇室制度の運用や皇室の活動に支障をきたす恐れが出てくる。そのため有識者会議は、皇位継承の問題と切り離して、皇族数の確保を図ることが喫緊の課題であるとした。ここに、今回の報告の特徴が認められる。

皇族数の確保策をめぐる議論では、女性皇族が婚姻後も皇室にとどまる場合、その配偶者と子は皇族にしないとの考えも示された。これについて、一つの家族の中に皇族と一般国民が同居するというわかりにくい形にしてまで、女性皇族の子を皇位につけない考えを批判する論調も認められた（二〇二二年一月一三日付朝日新聞・社説）。

また、皇族数の確保策として皇室典範で禁止されている養子が選択肢に加えられたことが注目された。しかも養子は男系男子に限定され、対象として戦後まもなく皇籍を離れた伏見宮系一一宮家の男子が明記されたことも議論となった。これまでも指摘されてきたように、対象となる旧伏見宮系の男系男子子孫は現天皇家と枝分かれしてからおよそ六〇〇年の歳月が流れており、その皇籍復帰に国民の理解が得られるか疑問である。

この選択肢については、「門地による差別を禁じた」憲法第一四条に反するか否かが問われた。憲法学者の中には違憲とする主張もある。これに対し、二〇二三（令和五）年秋の臨時国会において、内閣法制局の木村陽一《きむらよういち》第一部長は衆議院内閣委員会での質疑で、旧皇族の男系男子が「皇族復帰」のために皇族の養子となる新たな制度について、「憲法の許容するところ」との見解を示した。これまでも、憲法第二条を同第一四条の例外とする見解が示されてきた。

有識者会議のヒアリングに出席した筆者は、皇位継承について、「皇位継承資格を男系女子まで拡大し、内親王に限り皇位継承資格を認めるべきである。わが国は古来、男系女子に皇位継承資格を認めてきた伝統があり、それが男系男子に限定されたのは、明治二二年制定の明治皇室典範以降の短い期間に過ぎない。また、皇位継承順位は男系男子を優先すべきであろう」と述べた。

しかしさらに重要なことは、皇位継承の安定化と皇族数の確保をともに遅滞なく進展させることである。そのためには、最大公約数を目標に意見の集約が求められよう。女性皇族が婚姻後も皇室にとどまりその配偶者と子も皇族とし、同時に保守派が主張する旧皇族の男系男子を「皇族復帰」に向け養子とすることも検討の余地があろう。

菅内閣が設置した有識者会議が各党に提示した報告書では、あくまで皇族数の確保に主眼が置かれている。二〇二二（令和四）年以降、岸田首相が自民党大会で同問題に関する議論を呼びかけ、党内に麻生太郎《あそうたろう》副総裁をトップとする会議体が設けられたが、その後一年以上にわたり議論はまったく進展をみなかった。

岸田首相は再び翌二三年一一月、この問題を「喫緊の重要課題」であるとして、自民党総裁直属の機関として「安定的な皇位継承の確保に関する懇談会」（麻生太郎会長）を設置した。その後、各党から額賀福志郎《ぬかがふくしろう》衆院議長に意見書が提出され、遅ればせながら議論は進捗の兆しをみせはじめた。

首相自身は二〇二一（令和三）年九月、X（旧ツイッター）で「旧宮家の男系男子が皇籍に復帰する案を含め、女系天皇以外の方法で検討してまいります」とのスタンスを示した。

二〇〇六（平成一八）年九月以降、悠仁親王の誕生により事態が変わったとはいえ、旧皇族の男系男子子孫の中から皇籍復帰の意思を有する者が出てくるかどうか疑問であるばかりか、仮にそうした者が現れたとして、国民の理解が得られるかどうか定かではない。皇位継承策のみならず、皇族確保策としても十分とはいえない。

旧皇族の男系男子子孫の皇籍復帰に手間取る間に、周囲で親王を支える女性皇族がみな皇室を去った場合、セーフティネット自体の確保が困難を極める事態も予測されよう。こうした政治の不作為についても改めて責任が問われねばなるまい。

自民党が二〇二四（令和六）年四月二六日に議長に提出した案では、皇族確保の具体策として、皇族女子が結婚後も皇族の身分を保持することが望ましいとした。そもそも自民党は、かつて二〇一二（平成二四）年に民主党の野田内閣が提案した女性宮家の創設に慎重であった。自民党保守派は男系継承の伝統を尊重し、女系拡大に否定的立場である。

自民党が今回提出した案では、皇族女子を結婚後も皇室に残す場合、その配偶者や子には皇族の身分を付与しないとした。繰り返しになるが、これでは一つの家族の中に皇族と一般国民が同居することになり、不自然な印象を拭《ぬぐ》えない。朝日新聞の社説は「わかりにくい形」とし、読売新聞の社説は「イメージが定まらない」と評した。

すなわち自民党は、皇族女子の子に皇位継承権を与えることで皇位継承資格を女系まで拡大しないよう歯止めをかけようとしている。その一方で自民党は、旧皇族の男系男子を養子縁組により皇籍に復帰させる案を支持し、皇位継承権を有するのは養子縁組後に生まれた男子からとする。

有識者会議の案では皇族女子の配偶者や子を皇族にすると、男系男子子孫との間で皇位継承をめぐり混乱を生じるというが、男系男子優先などあらかじめ明確に皇位継承順位を定めておけば、大きな問題は生じないのではあるまいか（筆者へのインタビュー、「[語る　政権の課題]3　皇位継承策 逃げず議論を」二〇二四年五月七日付読売新聞）。

第四章　象徴天皇制の新たな危機

一、戦後政治と昭和天皇

二〇一六(平成二八)年八月八日、明仁天皇はビデオメッセージを通じて、国民に向けた「お気持ち」を表明した。「おことば」の冒頭には、自らの務めに対する考えが述べられている(宮内庁ホームページ)。

即位以来、私は国事行為を行うと共に、日本国憲法下で象徴と位置づけられた天皇の望ましい在り方を、日々模索しつつ過ごして来ました。伝統の継承者として、これを守り続ける責任に深く思いを致し、更に日々新たになる日本と世界の中にあって、日本の皇室が、いかに伝統を現代に生かし、いきいきとして社会に内在し、人々の期待に応えていくかを考えつつ、今日に至っています。

明仁天皇は憲法の規定する「象徴」を模索するにあたり、憲法の定める象徴天皇制の下で皇室の歴史や伝統の確かな継承を念頭に、国民の期待に応えようとした。天皇は憲法第七条の規定する国事行為のほかに、天皇自身の自由な考えにより認められる公的行為を通じて、国民との関係において象徴天皇として「望ましい在り方」を追求してきた。

こうした明仁天皇の取り組みが可能になるのは、戦後日本の民主化が進み、皇室と国民がともに「象徴天皇」を受容する環境が整う時代を待たねばならなかった。国によって政治文化の違いがあるにせよ、民主化が進むには一定の経済発展が必要である。

父、昭和天皇の時代において、それはなかなか難しい相談であった。GHQの占領統治下に新憲法が施行されるまでは、依然として天皇に対する上奏・御下問の手順が踏まれていた。よってGHQから憲法草案が提示されると、ときの幣原喜重郎《しではらきじゅうろう》首相は直ちに参内して、天皇の裁可を仰いだ（河西秀哉編『戦後史のなかの象徴天皇制』）。

しかし、絶大な政治権力を有するGHQが強力に民主化を推し進めると、天皇の政治的権能はみるみる縮小していった。幣原の後任である吉田茂首相の任命に、もはや天皇は実質的に関与する道を絶たれた。日本の最高権力はことごとくマッカーサー元帥の掌中に帰したのである。

ついで一九四七（昭和二二）年五月、片山哲社会党内閣が誕生すると、天皇はさらに政治から遠ざけられた。社会党内閣とあって、首相や閣僚の天皇への内奏もめっきり減少した。もちろん政治に強い関心をもつ昭和天皇は、片山のこうした姿勢に不満を抱いていたとされる。そこで天皇が目を付けたのが、片山内閣に外相として入閣した芦田均《あしだひとし》であった。天皇と芦田は旧知の仲であったことから、天皇は芦田に内奏を督促した（『芦田均日記』）。

芦田も新憲法を遵守する立場に立ち、天皇の国政関与に否定的な態度をとろうとした。それでもなお内奏を求める昭和天皇の要求に抗しがたく、芦田はやむなく外相在任中の七か月間に一〇回の内奏に及んだ。芦田内閣が発足してからも、芦田は天皇と距離を置こうとしたが、天皇はそれまで同様に内奏を強く求めた（後藤致人『内奏』）。

天皇は米ソ対立を背景に重みを増す日米関係などについて、政治的ともいえる御下問を繰り返した。新憲法施行後も、天皇は相変わらず内奏や御下問の継続を強く望んだ。これを「天皇の君主意識から生まれている行動」とする理解がある（後藤致人『昭和天皇と近現代日本』）。いまだ戦後まもない時代とあってやむを得ない面もあろうが、昭和天皇の意識は明らかに象徴天皇制を規定する新憲法の理念と大きく乖離していた。

芦田は首相就任後も憲法の基本原理を尊重し、極力象徴天皇制の定着に腐心した。天皇の意向にかかわらず、芦田は大臣の内奏を禁じるとともに、宮中改革に着手した。芦田は宮内府長官ら宮中幹部の交代を念頭に置き、あえて昭和天皇の退位を主張する田島道治《たじまみちじ》の起用を前向きに検討した。田島は芦田首相と同じ新渡戸稲造《にとべいなぞう》の門下生。戦後の民主化を背景に、田島が財界出身の民間人であったことも白羽の矢が立った理由とみられる。

当時、野党であった吉田は芦田首相の宮中改革を阻止しようと奔走し、積極的にGHQの意向を探った。天皇はこうした吉田の動きを歓迎していたといわれる。芦田はそれでも一九四八（昭和二三）年六月、天皇の意向に反して田島を宮内府長官に任命した。しかし芦田内閣はまもなく昭和電工事件で総辞職に追い込まれ、同年一〇月には第二次吉田内閣が発足した。

吉田と田島はともに頑固者で意見が齟齬《そご》することもあったといわれるが、両者が足並みを揃えざるを得ない事態が発生した。すでに結審となっていた東京裁判で同年一一月一二日、戦犯容疑で訴追された二五人に対する判決が言い渡されることになったのである。判決の前日、昭和天皇から田島に退位についての御下問があった（加藤恭子『昭和天皇と田島道治と吉田茂』）。田島から情報を得た吉田は、マッカーサーに会い退位見送りの発言を引き出した。

このとき宮中でも、天皇退位論が浮上していた。確かに新旧皇室典範に退位の規定はないが、天皇周辺では木戸幸一《きどこういち》（内大臣も務めた天皇側近）らが天皇に退位を勧めていた。戦争責任という特別な理由であるから、退位もやむを得ないとの声があがっていた。天皇も自ら側近らに退位の意向を伝えていた（吉田裕『昭和天皇の終戦史』）。

天皇自身も戦争責任を痛切に感じ取り、終戦時、東京裁判判決時、講和条約締結時に退位を仄《ほの》めかしていたとされる（中村政則『戦後史と象徴天皇』）。一九四八（昭和二三）年の対日占領政策の転換を背景に、ホイットニーやケーディスら民政局幹部が交代すると、強力な民主化方針は大幅に修正された。

こうした変化は、天皇やその周辺の天皇退位論にも影響を与えずにはおかなかった。これまでマッカーサーと天皇の意向を探っていた田島の書簡などから、一九四八年頃までに天皇の退位見送りが固まったとの見方が有力であった。しかし二〇二二（令和四）年に翻刻・編集された田島の『昭和天皇拝謁記』が退位に関する見解に再考を迫った（古川隆久・茶谷誠一ほか編、同『拝謁記』巻末、茶谷「解説」）。

同『拝謁記』一九四九（昭和二四）年一二月一九日条には、一一月二八日に東宮《とうぐう》（皇太子）の早期外遊についての御下問をめぐる天皇と田島のやり取りが記されている。それによると、「陛下は、講和が訂結《ママ》された時に又退位等の論は出ていろいろの情勢が許せば退位とか譲位とかいふことも考へられるので、その為には東宮ちやんが早く洋行するのがよいのではないかと思つたとの仰せ」とあり、田島は感涙にむせんだとある。しかし、これが果たして天皇の本心かどうかは速断できない。

その後もこの問題は尾を引き、以前は退位論者であった田島も、マッカーサーの姿勢に期待しつつ、戦後日本の危機管理を念頭に天皇の退位見送りを模索するようになった。それは一九五二（昭和二七）年の講和条約発効に際し発表する「おことば案」に結実されてゆく。

しかし首相は芦田から吉田に代わっていたから、面倒な再調整が必要とされた。謝罪は不要とする吉田の強引さに、天皇までもが不安を抱いていたのである。

自ら「臣《しん》茂」を称する吉田は、国民主権に基づく象徴天皇制を尊重せず、天皇による国民統合を重視した。吉田はあくまで天皇を国家の中心に据え、その下に国民を位置づけていたのである（吉田『回想十年』）。

吉田の方針は独立後、鳩山一郎《はとやまいちろう》内閣に受け継がれ、外相の重光葵《しげみつまもる》は内奏を繰り返した。重光外相は内奏で国際情勢を説明するだけにとどまらず、昭和天皇の意向を迎えた。重光は渡米に際しても内奏に及び、天皇も日米協調と反共の方針に立って米軍撤退の阻止を求めるなど、「象徴天皇」とはかけ離れた姿勢を示した（後藤『内奏』、『続重光葵手記』）。

この頃依然として政府も天皇も、新憲法の謳《うた》う象徴天皇制の実践に消極的であった。戦後まもない時代とあって、意識の変化に時間を要したとはいえ、こうした憲法の理念に反する天皇の政治姿勢が改まらないことはやはり問題であった。一九六〇年代に入ってもなお、内奏は繰り返された（『入江相政《いりえすけまさ》日記』）。

昭和天皇の意識に大きな変化はなく、天皇は政治への強い関心をもち続けた。佐藤栄作《さとうえいさく》の長期政権の下でも、内奏と御下問が繰り返された。保守政権が続いたこともあり、表向きはともかく、天皇はなおも「象徴天皇」を意識し体現することに必ずしも前向きではなかった。

二、「象徴天皇」の模索

戦後もなお明治憲法下の君主観を払拭できなかった昭和天皇とは対照的に、日本国憲法が定める「象徴天皇」像を真っ向から模索したのが次代の明仁天皇であった。初めて象徴天皇制を規定した現行憲法の理念は、昭和の時代において十分に具体化されることはなかった。「象徴天皇」像が具体化され、定着が着実に進んだのは明仁天皇が即位した平成の時代を待たねばならなかった（中村『戦後史と象徴天皇』、拙著『象徴天皇制と皇位継承』）。

明仁天皇は一九九〇（平成二）年の即位礼において、「常に国民の幸福を願いつつ、日本国憲法を遵守し、日本国及び日本国民統合の象徴としてのつとめを果たすことを誓い、国民の叡智《えいち》とたゆみない努力によって、我が国が一層の発展を遂げ、国際社会の友好と平和、人類の福祉と繁栄に寄与することを切に希望いたします」と述べた（宮内庁ホームページ）。

まさに「象徴天皇」をめざす決意の表明にほかならない。本章の冒頭に掲げたように、明仁天皇が二〇一六（平成二八）年八月の退位に向けた「お気持ち」にも示したように、在位中一貫して「象徴天皇」のあり方を模索し、「象徴」としての「つとめ」を見事に果たしたということができよう。

明仁親王が「象徴天皇」の追求という使命感にも似た意識を抱くに至った背景には、戦後の民主化と歩調を合わせた卓抜な皇太子教育の成果があった。この輝かしい成果は、小泉《こいずみ》信三《しんぞう》（慶應義塾長）とヴァイニング夫人の功績を抜きにしては語れない。

田島宮内庁長官は一九四九（昭和二四）年二月二六日、小泉を東宮御教育常時参与に充て皇太子教育の全権を委ねた。『昭和天皇拝謁記』同年二月二八日条には、「日本の将来は、皇太子様の如何に御成人にかかるかの重大事なること、田島職責中の最大の一たること」としたうえで、小泉と野村行一《のむらこういち》東宮大夫兼東宮侍従長の二人をその職に任じた。そして「小泉は日本に於ける唯一の適任」とまで評し、学問・スポーツ（馬術、テニス等）の両面で小泉を「最良の師」としたのである。

戦後も天皇制が存続したのは、マッカーサーが天皇制を対日占領政策に利用したからだけではない。皇太子教育の全権を委ねられた小泉が指摘したように、それは「陛下の御君徳」によるところが大きい。小泉は一九五〇（昭和二五）年四月二四日、明仁皇太子へのご進講に先立ち「御進講覚書」を記し、皇太子に繰り返し「陛下の御君徳」の重要性を説いた（『アルバム　小泉信三』、小川原正道『小泉信三』）。

小泉は同「覚書」の中で「近世の歴史」を振り返って、戦争の終結後に敗戦国では多くの場合、「民心が王室をはなれ、或《あるい》は怨《うら》み、君主制がそこに終りを告げるのが通則」であったとし、第一次世界大戦のロシア、ドイツ、オーストリア、第二次世界大戦のイタリアを例に挙げ、いずれも王政を廃して共和制に移行したことを指摘した。しかしひとり日本は例外で、敗戦にもかかわらず、民心は皇室を離れないばかりか、皇室と国民はむしろ接近し親しみを増したのは、ひとえに「陛下の御君徳」によると説き、小泉は「特と御考へにならねばならぬ」と皇太子を諭したのである。

小泉は「覚書」の末尾で、新憲法下で国政に関する権能を有しない象徴天皇であっても、「君主の人格その識見は自《おのずか》ら国の政治によくも悪くも影響するのであり、殿下の御勉強と修養とは日本の明日の国運を左右するものと御承知ありたし」と述べ、青年皇太子の心に響く言葉を投げかけた。もちろん皇太子は、こうした帝王教育の前提として、学習院で一般国民と同様の教育を受けた。将来、「象徴天皇」として日本国民と向き合い相互理解を深めるには、一般国民の子弟と机を並べ共に語り合うことが重視された。

小泉はこうした方針に立って、皇太子教育に邁進した。一九五六(昭和三一)年三月に学習院大学での勉学を修了して以降の明仁皇太子は、火曜の午後と金曜の午前の週二回、東宮御所において小泉から進講を受けることになった。その際、小泉が教材として選んだのが、ハロルド・ニコルソンの『ジョオジ五世伝』と福沢諭吉の『帝室論』および『尊王論』であった。

小泉が『ジョオジ五世伝』を選んだのは、同書が政治や外交のほかに国王と皇后など皇族や国民との関係に目配りしており、皇太子とともに読みながら話し合うための教材として有益と考えたからにほかならない。ジョージ五世は四半世紀余の在位中、一貫した主義と信念とを貫くことで、民心の安定に寄与した。王は道徳的警告者たる立憲君主として、不偏不党の立場から政治の調節者としてふるまった。小泉は「誠実と信念」をもって道徳的に信用ある人格を陶冶《とうや》するという観点に立ち、同書から皇太子教育に役立つ示唆を得ようとした（小川原『小泉信三』）。

福沢は『帝室論』の中で「帝室は政治社外のものなり」とし、政治が帝室の尊厳やその神聖さを侵すことがあってはならないと警鐘を鳴らした。皇室の存在意義は、政治を超越した立場から社会秩序の安定に寄与することにある。皇太子とともに象徴天皇制を追求する小泉は、福沢の言説が「象徴天皇」を模索する皇太子教育に有益と考えた。

小泉はこうした福沢の主張と吉田内閣の文相、天野貞祐《あまのていゆう》の道徳教育論の共通点に注目していた。現に天野は後年の回想において、文相在任中にまとめた「実践要領」が容易に戦前の教育勅語と結びつけられ、批判にさらされたことを振り返り、座右において参考にした福沢の『修身要領』に因《ちな》んで「実践要領」と名づけたことを苦々しく述懐している（『天野貞祐全集』）。

当時、共産主義の国際的な台頭を背景に、共産党の党勢拡大に伴う秩序の不安定化を懸念した吉田があたかも、皇室を日本社会の精神的・道徳的中心とすべく、天野に愛国心を涵養《かんよう》する教育の実践を指示したかのような風説が巷間《こうかん》広まった（吉田『回想十年』）。

天野はこれについて後年、吉田首相からの指示を否定するとともに、むしろ歴史教育による愛国心の涵養に否定的な見解を述べた。天野は「日々の倫理」を記し、「実践要領」が「生きて行く道しるべ」を国民に提供しただけとして、教育勅語のような徳目の暗誦《あんしょう》による道徳性の涵養にも批判的であった（『天野貞祐全集』）。

一方、これに先立ち、皇太子の英語の家庭教師として、プロテスタントの一派であるクエーカー教徒のエリザベス・ヴァイニング夫人を招聘し、夫人は一九四六（昭和二一）年一〇月に来日した。ヴァイニング夫人の起用にあたっては、複数の政府高官が昭和天皇に助言を与え、マッカーサーの軍事秘書であったボナ・フェラーズらの進言もあって、GHQによって選任された（瀬畑源「明仁天皇論」）。

同夫人は英語や西欧文化の教育を通じて皇太子の心の窓を開き、アメリカの価値観に立って多感な青年皇太子の豊かな感性を育《はぐく》み、国民の視線をしっかり受け止め相互の絆《きずな》を強める土台を築いた。

侍従次長を務めた木下道雄の『側近日誌』には高橋紘《たかはしひろし》氏（皇室研究者）の解説文が付され

ているが、そこには昭和天皇とヴァイニング夫人の興味深いやり取りが記されている。それによると、夫人は一九四九（昭和二四）年頃、葉山《はやま》御用邸で天皇、皇后と会食した際に、皇太子の教育方針について二時間ほど意見交換したという。

夫人はそのときのこととして、「私は皇室ご一家がバラバラに離れてお住みになっているのは気の毒、と申し上げました。殿下はもっとお近くで、父陛下をよりよく見つめることが望ましい、と述べました」と回想する。これに対し、天皇は「自分は戦争を阻止できなかったから、自分の後継ぎを育てる資格はありません」と応えたというから驚きである。

夫人は日本の古い里子制度に不信感を抱いていたのであろう。天皇は「東宮ちゃん」の前ではひとりの父親の顔を覗《のぞ》かせることもあったということか。執拗《しつよう》に内奏を求めた天皇とは印象の面で大きな落差がある。

ヴァイニング夫人の教育者としての優れた資質と力量は、皇太子の健やかな成長を促した。皇太子は国際感覚と同時に、物おじしない落ち着いた態度を身につけていった。一九四九（昭和二四）年六月、皇太子は夫人に伴われマッカーサー元帥と面会したが、そのときの皇太子の態度は実に立派で賞賛に値するものであったとされる。

一九五〇年代になると、明仁親王の成長に国民の視線が集まった。その一つが外遊であり、もう一つが結婚であった。明仁皇太子は一九五三（昭和二八）年三月から、半年余の外国訪問の旅に出た。イギリスでは父天皇の名代として、エリザベス女王の戴冠式《たいかんしき》に列席した。この外遊は、祖国が民主主義国家として再び国際社会に復帰し復興をめざす一大事業として企画、実施された。

皇太子が外遊以上に国民の熱い視線を浴びたのは、一九五〇年代末の結婚にほかならない。それは大きな社会現象に発展し、一時的ではあったにせよ、国民が初めて象徴天皇制と正面から向き合う重要な機会を生み出した。

また、一九五八（昭和三三）年から翌五九年にかけて、皇太子と正《しょう》田《だ》英三郎《ひでさぶろう》（日清製粉《にっしんせいふん》社長）の長女、美智子との婚約・結婚が報じられた。それは、ミッチーブームとよばれる一大社会現象を巻き起こした。それまで皇太子妃は皇族や華族から選ばれるのが通例であったが、美智子は初の民間出身の女性であった。しかも皇太子との結婚がテニスコートでの自由恋愛をきっかけに実を結んだとされたことから、マスメディアが一斉にこれを大々的に報道したのである。当時、テレビの飛躍的な普及も相俟って、国民の熱烈な歓迎を受けた。

父、裕仁天皇も皇室に新しい血を入れることに前向きであったといわれる。これを機に、明仁皇太子がクローズアップされ、「皇太子像が象徴天皇像の内実として転化」されるようになった（河西秀哉『「象徴天皇」の戦後史』）。

皇太子の結婚へ向けての準備は早くに着手されていた。「田島道治日記」一九五〇年九月二日条に「東宮妃さがすこと」とみえるように、田島長官はこの件で小泉と緊密に話し合っていた（『昭和天皇拝謁記』）。

田島や小泉の努力が実り、一九五八年一一月下旬には皇室会議が開催され、皇太子妃が内定した。これを受けて東宮御所が新築され、将来誕生が期待される子供のためのスペースが確保された。旧来の里子制度との決別にほかならない。それはヴァイニング夫人の助言を入れるとともに、国民に向けてわかりやすいロイヤル・ファミリー像を提示し、「開かれた皇室」を演出しようとするものでもあった。

明仁皇太子も自分の子供たちを手元で育てることを強く希望していた。皇太子自身は三歳のときに親元から離され、日頃は御真影をながめることによってしか両親の姿を確認できなかった。皇太子はこうした旧習に疑問を抱いていたのである。思い切った皇室の改革によって、国民の受け入れやすい象徴天皇像の形成に大きく踏み出したといえよう（拙著『象徴天皇制と皇位継承』）。

三、象徴天皇制と典範改正

昭和を生きてきた多くの日本国民の脳裏には、戦争の悲惨な体験と昭和天皇の強烈な印象とが分ち難く結びついていた。GHQの強力な占領改革により民主化は急ピッチで進められ、極めて民主的な新憲法が誕生した。こうしてその第一条に「象徴天皇制」が謳われたのである。

第三章で述べたように、GHQは新憲法で「国民主権」の理念を徹底することだけは断固として譲らず、日本側のあらゆる抵抗を排除した。これとは対照的に、日本の伝統や歴史を本質とする皇室典範には至って寛容であった。そのため、現行の皇室典範の起草にあたっては、日本側に大幅な裁量が認められた。

基本的理念のうえで、新憲法は戦前の明治憲法を一八〇度転換した。これと対照的に、現行典範は明治典範を踏襲した側面が大きい。結果として、戦後の憲法とその下位法である皇室典範の間には齟齬が生じることになったのである。

その原因は、日本の政府首脳が皇室の伝統を守ろうと、皇室典範の抱える構造的矛盾をその後も放置したからにほかならない。たとえば戦後、いわゆる側室制度を廃止し、非嫡出子に皇位継承権を付与しなかったにもかかわらず、皇位継承資格を男系の男子に限定しているのがその最たる事例である（拙著『皇室がなくなる日』）。

こうした皇室制度をめぐる矛盾は、様々な側面に見出される。本来であれば、一九五二（昭和二七）年にサンフランシスコ講和条約が発効したのち、速やかにこうした構造的矛盾の解消に取り組むべきであった。しかし政府は、皇太子の成婚計画に典型的にみられるような「象徴天皇」像の形成にばかり力を注いできた。そのため外圧にさらされない皇室典範は放置され、皇室典範が抱える矛盾の見直しは先送りされたのである。

ミッチーブーム直後に、政治学者の松下圭一《まつしたけいいち》が『中央公論』（一九五九年四月号）誌上に「大衆天皇制論」を発表し、この「皇太子妃ブーム」を「新憲法ブーム」と捉えた。もちろんこの成婚は、法の下の平等を定めた憲法第一四条や、婚姻の成立条件を両性の合意のみとする同第二四条を前提としていた。松下の論調にも、当時のリベラル派の研究者にみられがちなやや過大な新憲法擁護論の側面がみてとれよう。

また、松下は「政治心理的」にも、「絶対天皇制から大衆天皇制に移行することによって、（中略）天皇制はより安定した」と評価した。象徴天皇制は、古来の皇室にまつわる様々な儀式や宮中祭祀を通じて伝統的権威を保持するとともに、「大衆天皇制」が依拠する「民主化」により国民の支持を調達し、より安定化する。

成婚ブームが去ると、皇太子に関する報道は下火になっていった。そこで宮内庁を中心に、皇太子の存在感を示すべく夫妻での公務の機会を増やし、お出かけに伴う報道量の増加を図るよう企画が練られた。一九六〇年代は天皇、皇后に代わって、国際親善に寄与する外遊が積極的に計画された。

昭和の時代が長く続いたため、明仁皇太子には自ら憲法の定める「象徴」とは何かを探求する時間的余裕が生まれた。美智子妃とともに、公務を通じて国民とのあるべき関係を熱心に模索した。イギリス王室との比較を念頭に置いた記者の質問に対しても、国民との距離を意識しつつ国民との接触に積極姿勢を示した。それは、各地への行啓として具体化された（茶谷誠一編『象徴天皇制のゆくえ』）。

こうして公的行為は天皇と国民の絆を醸成して、象徴天皇制の定着に大きく寄与した。本章の冒頭で取り上げた二〇一六（平成二八）年八月八日の「おことば」で、明仁天皇が「即位以来、私は国事行為を行うと共に、日本国憲法下で象徴と位置づけられた天皇の望ましい在り方を、日々模索しつつ」公的行為にあたってきたとした。つねに国民に寄り添う明仁天皇の姿勢からは、天皇の公的行為への特別の思いが読み取れよう（宮内庁ホームページ）。

すなわち明仁天皇は、公的行為を象徴天皇制にとって必須《ひっす》のものと考えており、これが一般に「平成流」などと呼ばれることもある。天皇や皇族と国民の相互関係を築き上げるうえで重要な公的行為や活動は、天皇の高齢化や皇族の減少により支障をきたすようになった。

二〇〇五（平成一七）年一一月に小泉首相に提出された有識者会議の報告書には、早くも少子化や皇族の減少、女性宮家の創設などの論点が示され、これらがすでに一九九〇年代後半の極秘研究会での検討課題になっていたことがわかる。九〇年代の日本社会でも少子化はしだいに重要な政策課題となり、二一世紀には皇位継承資格者や皇族の減少が、皇位継承問題や皇室活動の維持に影響を及ぼしかねなかった。結果として、それが象徴天皇制の安定的維持を難しくしかねなかったのである。

自民党保守派や保守系団体の右派系の研究者や文化人は、男系継承に明確な支持の態度を示し、天皇の公的行為には否定的である。一方、左派の研究者や文化人らはおおむね女性・女系の皇位継承を容認し、公的行為に明仁天皇の強い思いが反映しているとみて、寛容な姿勢を示す。

明仁天皇とてけっして護憲の立場を貫いていたわけではない。吉田裕氏は全国戦没者追悼式における明仁天皇の「おことば」の移り変わりを検討し、そう結論づけている。それによると、細川護熙《ほそかわもりひろ》首相や村山富市《むらやまとみいち》首相の反戦的談話がその後天皇の「おことば」に反映されたり、反対に、安倍首相の式辞への不快感が「おことば」に反映されたりしたという（吉田・瀬畑源・河西秀哉編『平成の天皇制とは何か』）。「おことば」は側近の代筆ではなく、天皇が実際に筆を執るものである。

昭和天皇は政治的であるが、明仁天皇は非政治的であるなどというのは、むしろ非現実的かつ一面的ではなかろうか。

一方、一九九〇年代後半から宮内庁が取り組んできた皇位継承問題は二〇〇五（平成一七）

年、小泉政権により解決の兆しがみえた。しかし翌〇六年二月、秋篠宮家の紀子妃懐妊の報に接した小泉首相は、すでに準備されていた皇室典範改正法案の通常国会提出を見送った。

筆者は当時、こうした政治の動きについて見解を問われてこう答えた。今回もしも男子が誕生し、男子による皇位継承が可能になったとして、それで問題はすべて解決されるのだろうか。仮に女子が誕生したら、そのことを確認してから再び改正に向けた準備を開始するのだろうか。やはり皇室典範の改正を、そうした短期的、表面的な位置づけで論じるべきではない――。

同年九月に悠仁親王が誕生し、党内保守派を基盤とする第一次安倍内閣が成立したことから、議論は棚上げされた。しかし次世代に皇族男子が一人誕生したといっても、皇位継承資格を男系男子に限定する限り、安定的な皇位継承を確保することは困難であろう（拙稿「紀子さまご懐妊で、大局を見失うな」『中央公論』二〇〇六年四月号）。現在なおも、次世代には依然として、成年を迎えた悠仁親王一人の状況に何ら変わりはない。

せっかくの親王の誕生が、かえって皇位継承の危機を覆い隠しかねない。親王の誕生によって、多くの国民が皇位継承問題は解決済みと理解したら、それはあまりにも危険であろう。象徴天皇制の下で、国民の理解や支持を得ることは大きな比重を占める。皇室制度の改革にも、国民世論の動向が重要な影響をもつようになった。

その後、制度改革が進まず、三人の皇族女子が婚姻に伴い皇籍を離脱して、未婚の皇族女子は五人にまで減少した（二〇二四年一二月現在）。これまでのところ、皇族の減少に歯止めがかかっていない。このまま対策が講じられることなく手を拱《こまね》いていれば、さらに皇族女子が減少する事態は避けられない。悠仁親王を支える皇族は払底し、皇位継承や皇室の活動に支障をきたしかねない。

そこで事態を打開しようと立ち上がったのが、民主党政権三番手の野田佳彦内閣にほかならなかった。二〇一一（平成二三）年九月に発足した同内閣は、宮内庁から皇族の減少など皇室の抱える諸課題に関する説明を受け、これを重く受け止めた。野田首相は同問題への着手を決断し、早速官邸の事務方に「女性宮家の創設」を検討するよう指示した。

しかし、これに対して自民党保守派や保守系の団体は、女性宮家の創設は女系天皇の誕生につながるとして警戒し、これを牽制する運動を展開した。野田内閣は内閣の体力を考慮して有識者会議の設置を見送り、有識者ヒアリングを開催して論点整理とパブリックコメントを実施した（拙著『新・皇室論』）。このときは実を結ばなかったが、同氏の熱意は冷めず、今日に至っている。

二〇一二（平成二四）年末、再び総選挙の結果、第二次安倍内閣が発足すると、またしても皇位継承問題は先送りされた。安倍首相は経済再生や安保法制を優先し、少子化対策などその他の中長期課題への着手を先送りした。安倍首相はそもそも自民党保守派を基盤としていたため、女性天皇や女系天皇に否定的であったことはよく知られていよう。

すでに述べたように、安倍政権がしだいに長期安定化の兆しをみせはじめていた二〇一六年七月、明仁天皇により突然、「生前退位」の意向が示された。これが翌八月にビデオメッセージとして国民に伝えられたのである。

ただ東日本大震災のときのビデオメッセージとは異なり、それは大きな政治性を帯び、天皇の「おことば」が違憲とみなされる危険すらあった。この「平成の玉音放送」とも呼ばれる「おことば」については、すでにその全体像を示したが、いま少しその背景や意義にふれておきたい（拙著『皇室がなくなる日』）。

そもそも天皇が内々に「生前退位」の意向を示したのは、いつのことだったのであろうか。筆者は各種の報道から、それは意外に早く二〇〇九（平成二一）年頃ではなかったかと推測し、政府関係者に尋ねたところ、「まだそこまでは」とはっきりしない返事が返ってきた。

二〇〇八（平成二〇）年の末、天皇は外出先で不調を訴え、直ちに皇居に戻り検査の結果、不整脈と診断された。宮内庁の羽毛田信吾長官は会見で、私見としたうえで天皇の「ご心痛」を指摘、それが「皇統」の問題に起因すると忖度した。長官は、「陛下ご自身のお立場から常にお心を離れることのない将来にわたる皇統の問題をはじめとし、皇室にかかわるもろもろの問題を憂慮のご様子」とした（同年一二月一二日付毎日新聞）。

その後、「生前退位」の報道やビデオメッセージを機に、天皇周辺の取材が行われ、天皇が初めて「生前退位」（天皇は「譲位」の語を使用）を取り上げたのは、二〇一〇（平成二二）年七月の参与会議であることがわかった。当時、参与会議のメンバーは、天皇、皇后のほか、羽毛田宮内庁長官、川島裕《かわしまゆたか》侍従長、それに三人の宮内庁参与、湯浅利夫《ゆあさとしお》前宮内庁長官、栗《くり》山尚一《やまたかかず》元外務事務次官、三谷太一郎《みたにたいちろう》東大名誉教授であった（「皇后は退位に反対した」『文藝春秋』二〇一六年一〇月号）。

席上、天皇が当初「生前退位」の意向を示したとき、皇后以下参与らはこぞってこれに反対し、摂政の設置を進言したとされる。おそらく天皇は二〇〇八年（平成二〇）末の体調不良を機に、象徴天皇としての務めが果たせなくなる不安から、こうした発言に及んだにちがいない。しかし関係者は、天皇の高齢化に伴い公務を軽減しても、国民の理解は得られるとして、摂政を勧めた。これに対して、天皇は徹頭徹尾、「摂政ではだめ」として一歩も譲らなかったとされる（前掲記事）。

退位については、憲法にも皇室典範にも規定がないため、立法措置を講じる必要があった。こうした天皇の意向を踏まえて、宮内庁首脳は大変難しい官邸との交渉を迫られた。当時、密かに風岡典之長官が官邸に杉田和博官房副長官を訪ねる様子が目撃されていた。

すでに二〇一六（平成二八）年以前から、宮内庁と官邸の間でビデオメッセージの製作に向けた協議が進められていたようだ。しかし、その法整備をめぐる調整は思いのほか難航していたようである。そのため、かのNHKによる「生前退位」報道は、宮内庁サイドが痺《しび》れを切らしてフライングに至ったのではないかという観測もある。

官邸事務方幹部から、周囲に天皇の頑固さや宮内庁によるリークを示唆する言動が広まっていたという。官邸は早くから摂政の設置も一つの有力な選択肢と考えていたが、宮内庁はあくまで天皇の意向を受け典範の改正をめざした。やはり双方の温度差は大きく、明仁天皇と宮内庁は明らかに安倍官邸と対立関係にあったとみるべきだろう。

皇室典範を改正して天皇の「生前退位」を制度化するには、その条件として天皇の意思表示が必要か否かを定めねばならない。しかし、天皇の意思表示によって「生前退位」が実現することになれば、それは憲法に抵触しないのであろうか。「生前退位」にはこうしたデリケートな側面があり、八月八日のビデオメッセージでも「お気持ちがにじむ」などと婉曲《えんきょく》的《てき》な表現を工夫することによって、天皇の退位への要望が表明されていた。政府は国民が天皇のビデオメッセージを聞いて、そこから天皇の真意を汲み取り、国民の退位に対する圧倒的支持を受け止める形で法整備を進めようとした。

これに加え、一連の「生前退位」をめぐる議論において注目されたのが、リベラリストらの立憲主義からの逸脱であった。多くのリベラリストが「右傾化した安倍政権への反発」も手伝って、退位を志向する天皇に極度に同情的な姿勢を示したのである（渡辺治「近年の天皇論議の歪みと皇室典範の再検討」）。

護憲派の多くはそれまで、憲法第四条が天皇の国政関与を禁じ、天皇の行為を同条第一項に従って国事行為に限定すべきと主張してきた。明仁天皇は、象徴としての行為、すなわち公的行為は象徴天皇制の維持に不可欠と考えた。公的行為はそもそも天皇が国民に寄り添うために必要な行為であり、平成になって顕著に増加傾向を示した。

前述のように、退位論をめぐっては、明治皇室典範と現行皇室典範の制定時にそれぞれ議論された経緯がある。わが国の歴史上、七世紀中葉に最初の譲位が断行された。以来幕末まで、長きにわたり譲位制が定着してきたのである。

しかし明治に入り、成文法として近代憲法と同時に皇室典範が立案されると、立憲カリスマと呼ばれ強大な権力者となった伊藤博文が、井上毅《こわし》や柳原前光《やなぎわらさきみつ》らの退位容認論を抑えて、久々に古代の終身在位制を復活させた。

戦後まもなく日本国憲法の制定に伴い、再び天皇の退位が議論の俎上に上った。その契機となったのが昭和天皇の戦争責任問題であった。もちろん政府や宮中の有力者は極力、天皇の責任回避の道を探った。当時、高松宮や三笠宮といった天皇の直宮《じきみや》からさえも退位論が唱えられていた。

最も早く退位論の口火を切ったのは、首相も務めた近衛文麿《このえふみまろ》であった。近衛の主張がことのほか注目されたのは、天皇に退位のみならず、仏門入りを求めたことであろう。近衛は真正面から、昭和天皇の戦争責任を問うたといってよかろう（奥平康弘『「萬世一系」の研究』）。

天皇の近くにある者ならば、天皇自らが責任を取って皇位を退き、もって「国体」すなわち天皇制を守るのは当然の選択肢と考えたであろう。近衛は事を急いだ。機を逸することなく退位の道筋をつけねば、まもなく憲法・皇室典範の制定作業が始まり、「国体」は危機にさらされかねなかった。

日本の敗戦を予見して近衛とともに終戦工作を担った細川護貞《ほそかわもりさだ》も、国体の護持をめざし昭和天皇の退位を不可避と考えていた（『細川日記』）。そのとき細川は天皇の弟、高松宮からも「恐れ多いこと乍《なが》ら、御退位の如きは、我国の歴史にも度々あるので……」との言質《げんち》を得ていた。

しかし、現行の皇室典範には天皇の退位に関する規定が盛り込まれなかった。それが近年、天皇の高齢に伴う課題として再浮上した。天皇の加齢に伴う体調不良が繰り返し報じられ、天皇の負担軽減をめぐる正面からの本格的な議論が求められるようになった。天皇自身も、数年前から「生前退位」を模索していた。

ビデオメッセージに込められた天皇の深い思いとは別に、天皇の負担軽減の方策として「生前退位」を模索するとしたら、やはり天皇の国政関与の危険性や憲法が謳う象徴天皇制とのバランスを慎重に検討すべきであろう。

それにしても、政府は戦後、いくらでも「生前退位」と向き合う時間がありながら、無責任な先送りを繰り返してきた。改正のハードルが高い憲法とは異なり、皇室典範は他の一般法と同様に、国会において過半数の賛成多数で改正しうる法律である。

要するに、法改正がいつも唐突に着手される背景には、皇室制度の改革を等閑に付してきた政治の不作為があった。皇位継承問題や「生前退位」の問題といった現行皇室典範の制定時に先送りされた矛盾は、長い間、不当に棚上げされてきた。もちろんさらにその背景には、日本人の法意識や、それを規定する日本の法文化の特質もみえてこよう。

二〇二一（令和三）年の菅義偉内閣による有識者会議で検討された安定的皇位継承に関する報告書も、次の岸田文雄内閣の下でなかなか議論が進まなかった。自民党内の検討も党内保守派に遠慮がちな岸田首相の下で、ほどなく失速していった。

舞台が国会に移ってからの各党間の議論も、やはりスピード感が欠如していた。二〇二四年の通常国会での議論も時間切れとなり、閉会中は衆参両院正副議長の下で各党から意見聴取が行われた。

これまでの聴取では、二〇二一年末に「皇室典範特例法案に対する附帯決議」に関する有識者会議が提起した第一案、「女性皇族が結婚後も皇族の身分を保持する案」については、おおむね共通認識が得られた。少なくとも自民党・公明党・日本維新の会・国民民主党の各党が賛成した。

しかしその一方で、女性皇族の配偶者と子にも皇族の身分を与えるか否かについては、なお隔たりがある。配偶者や子が一般国民とすると、配偶者や子には職業選択の自由があり、また表現の自由も認められ、政治的発言ももちろん自由である。こうなると、妻で母親である女性皇族との関係は不自然となり、家庭生活に支障が出ないか疑問の余地がある。

また、第二案、「旧宮家の男系男子を養子縁組で皇族とする案」にも賛否両論があり、意見集約に手間取っている。もっとも、養子で皇族に復帰した当人には皇位継承資格を認めないことが想定されている。この案のように旧宮家だけが皇族になれるということになれば、憲法の禁じる門地による差別に抵触する可能性が指摘されている。

意見が分かれた女性皇族の配偶者の処遇については、明治皇室典範の起草にあたって伊藤博文が「難題」としたように、女系拡大の議論につながる。それだけに、配偶者や子の身分について一致点を見出すことは容易ではない。

自民党は第一案に賛成しつつも、配偶者や子を皇族とすることには反対の立場である。党内保守派を中心に、女系拡大への警戒感があるからにほかならない。しかし皇位継承資格の女系拡大を容認し、子は皇位継承資格をもたないとすることも考えられる。

なお、皇位継承については、悠仁親王までの皇位継承の流れをゆるがせにしない案に大方の賛同が得られている。しかし悠仁親王以降の皇位継承については、議論は停滞し、政治の動きも鈍い。国会の附帯決議に対して、政府の有識者会議は正面から応えていない。あくまで国会が求めたのは、安定的な皇位継承や女性宮家の創設の検討であった。

皇族はまた、摂政、国事行為の臨時代行、皇室会議の議員といった法制度上の役割を担っている。そのため、皇族の減少は皇室の活動に様々な支障をきたす。確かに皇族数の確保も喫緊の課題ではあるが、これに問題を矮小化《わいしょうか》することなく、皇位継承策の着実な議論が求められよう。

議論が具体化してはいるが、意見集約の見通しが一向に立たない。皇位継承策と皇族数確保の方途について、象徴天皇制の安定的維持の観点から、改めて国民参加の大局的な議論が求められよう。

あとがき

すでに我々は二〇〇五年一一月に皇位継承問題の模範解答を手にしていた。小泉首相の私的諮問機関である「皇室典範に関する有識者会議」の最終報告書がそれである。直ちに国会がこれを受け取り、しっかりと議論を深めるべきであった。それこそが安定的な皇位継承を実現するための近道であった。

翌〇六年二月の秋篠宮紀子妃の懐妊発表や同年九月の悠仁親王の誕生に接して、問題をにわかに棚上げするほうがどうかしていたのではないか。やがて年長の皇族女子らが婚姻により皇籍を離れれば、皇室にはいずれ悠仁親王ひとりだけが取り残されかねない。

この報告書には、その後野田内閣で議論された「女性宮家の創設」もすでに提案されていた。またついで皇族の減少が指摘されるようになるが、その背景をなす少子化の波が皇室に及ぶことがわかりやすく説明されている。

本論でも言及したように、報告書の結びで有識者会議は「今後、皇室に男子がご誕生になることも含め」とことわりつつ、「皇位の安定的な継承を維持するためには、女性天皇・女系天皇への途を開くことが不可欠」と結論づけた。皇太子夫妻に愛子内親王が誕生した二〇〇一年一二月以降、皇位継承問題が俎上にのぼり、各種の世論調査では女性天皇を支持する声があがり、女系天皇についてもしだいに人口に膾炙《かいしゃ》するようになった。

よくよく考えれば、皇室を支える若い世代の皇族は内親王や女王ら皇族女子が圧倒的に多い。しかし彼女らには皇位継承資格はなく、いずれは婚姻に伴い皇族の身分を離れることになる。二〇〇六年に誕生した悠仁親王は成年を迎えたが、同親王以降に男子の誕生はなく、この間に婚姻に伴う皇族女子の皇籍離脱が相次いでいる。

御代替わりにより誕生した令和の皇室において、皇位継承資格を有するのは秋篠宮文仁親王、同悠仁親王、そして高齢の常陸宮正仁親王《ひたちのみやまさひとしんのう》（上皇の弟）の三方のみである。もはや次の悠仁親王の時代に皇室を支える若い皇族は極めて少なく、あまりに手薄といわねばならない。

これに加えて近年、懸念されるようになったのが、皇室の活動の維持である。もちろん皇位継承問題の解決が最優先であるが、象徴天皇制の下では天皇や皇族と国民とのふれあいもおろそかにはできない。公務など皇室の活動を通じて、皇室と国民との相互理解が深まる。したがって、これを担う皇族数の確保も喫緊の課題である。

しかし現状のままで、果たして皇統の存続に不安はないのであろうか。これまでの政府や国会における議論をみれば明らかなように、皇位継承問題、すなわち安定的皇位継承のための皇室典範の改正は思いのほかハードルが高い。もっと日頃から迅速で十分な議論が必要ではなかろうか。はっきりいえば、これまで時間ばかりが空費され、実のある成果があがっていない。

筆者は野田内閣、安倍内閣、菅内閣の有識者会議等に招かれ、ヒアリングに参加して意見陳述を行ってきた。しかしどうも回を追うごとに、皇位継承問題に対する政府の姿勢は後退してきたように思われる。

二〇一六年に安倍内閣により設置された有識者会議は、いわゆる「生前退位」をめぐって天皇の公務の負担軽減等について議論された。翌一七年に皇室典範特例法（退位特例法）が成立し、これによって平成から令和への御代替わりが実現した。

この皇室典範特例法には、同法施行後速やかに、政府は、安定的な皇位継承を確保するための諸課題、女性宮家の創設等について検討を加え、その結果を国会に報告するといった附帯決議が付された。

この附帯決議をめぐる二〇二一年の菅内閣の有識者会議の報告書には、女性皇族が婚姻後も皇室に残る案と旧皇族の男系男子を養子に迎える案が盛り込まれた。しかし報告書に示された最優先課題は、いつのまにか附帯決議が求めた皇位継承策の模索ではなく、皇族数の確保に置き換わっていた。

これを受けて岸田総裁の直属機関として、自民党内に設置されたのが、麻生副総裁をトップとする「安定的な皇位継承の確保に関する懇談会」である。この懇談会は最初の一年間に、開催されたのは僅かに一回。その後、少しずつ開催されるようになったが、まず旧皇族の皇籍復帰案を選んだ。これに加え、自民党は党内の意見分布にも配慮し婚姻後の女性皇族が皇室にとどまる案に賛成したが、配偶者と子は皇族にしないとして物議を醸《かも》した。

このように議論は平行線を辿っているが、今後も男系派、女系派を問わず、より有効な選択肢を増やすことが望まれる。「はじめに」でも指摘したように、次世代唯一の皇位継承資格者である悠仁親王が成年を迎えたいま、「男系による継承を貫こうとすることは、最も基本的な伝統としての世襲そのものを危うくする」とした小泉内閣の有識者会議の報告書は、なおも有効な処方箋《しょほうせん》である。

本書を通じて明らかにしたように、男系男子による皇位継承も終身在位制も長きにわたる政治の不作為の産物にほかならない。憲法や時代にそぐわなくなった法律は改正されてしかるべきであろう。

戦後は下位法となった皇室典範も例外ではない。それによって、皇統の存続を図り象徴天皇制の危機を回避することは、政府と国会、そして主権者たる我々国民の責務であろう。

本書を執筆するにあたって、多くの先行研究を参考にさせていただいたが、新書という性格上、詳細な注記は避けた。切にご寛恕《かんじょ》を乞うしだいである。

また、執筆に際して中公新書編集部の並木光晴氏のお力添えをいただいた。ご尽力に対し深甚なる感謝の意を表したいと思う。

令和六年一一月一〇日

笠原英彦

参考文献

一、未公刊資料

宮内庁書陵部所蔵「宮内公文書館所蔵文書」「三峰日記」
国立公文書館所蔵「元老院日誌」「公文類聚」「公文録」「太政類典」
国立公文書館寄贈文書「井手成三関係文書」
国立国会図書館憲政資料室所蔵「伊藤博文関係文書」「伊東巳代治関係文書」「井上馨関係文書」「岩倉具視関係文書」「江藤新平関係文書」「木戸孝允関係文書」「憲政史編集会収集書」「佐藤達夫関係文書」「三条家文書」「谷干城関係文書」「長崎省吾関係文書」「元田永孚関係文書」「吉井友実関係文書」
東京都立大学図書館所蔵「土方久元日記」
早稲田大学図書館所蔵「大隈文書」

二、公刊資料

『青木周蔵自伝』（平凡社、一九七〇年）
『芦田均日記』第一・二巻（岩波書店、一九八六年）
『天野貞祐全集』第三巻（日本図書センター、一九九九年）
『伊藤博文関係文書』（塙書房）
『伊藤博文伝』（原書房）
『井上毅傳』史料篇第一（國學院大學圖書館、一九六六年）

『入江相政日記』（朝日新聞社、一九九〇～九一年）
『岩倉公実記』（原書房）
『岩倉具視関係文書』（東京大学出版会）
『大久保利通関係文書』（吉川弘文館）
『大久保利通日記』（東京大学出版会）
『大久保利通文書』（東京大学出版会）
『大隈伯昔日譚』（早稲田大学出版部）
『尾崎三良自叙略伝』中巻（中央公論社、一九七七年）
『尾崎三良日記』中巻（中央公論社、一九九一年）
『木戸孝允日記』（東京大学出版会）
『木戸孝允文書』（東京大学出版会）
『元老院会議筆記』（元老院会議筆記刊行会）
『皇室制度史料　摂政一』（吉川弘文館、一九八一年）
『五代友厚伝記資料』第四巻（東洋経済新報社、一九七四年）
『西郷隆盛全集』第三巻（大和書房、一九七八年）
『静岡県史』資料編一七近現代二
『昭和天皇実録』（東京書籍）
『昭和天皇拝謁記』（岩波書店）
『世外井上公伝』（原書房）
『昔夢会筆記』（平凡社）
『特命全権大使米欧回覧実記』（岩波書店）
『秘書類纂　帝室制度資料』上巻（原書房、一九七〇年）
『福澤諭吉書簡集』第三巻（岩波書店、二〇〇一年）
『福澤諭吉全集』第一・五・六・八巻（岩波書店、一九五九～六〇年）
『保古飛呂比』（東京大学出版会）

『細川日記（改版）』上下巻（中央公論新社、二〇〇二年）
『明治聖上と臣高行』（原書房）
『明治天皇紀』（吉川弘文館）
『元田永孚文書』（精興社）
『渡邊廉吉傳』（太洋社、一九三四年）
『渡邊廉吉日記』（行人社）

三、著書

芦部信喜・高見勝利編著『日本立法資料全集1　皇室典範』（信山社出版、一九九〇年）
芦部信喜・高見勝利編著『日本立法資料全集7　皇室経済法』（信山社出版、一九九二年）
飛鳥井雅道『明治大帝』（筑摩書房、一九八九年）
アチソン、ディーン（吉沢清次郎訳）『アチソン回顧録』（恒久社、一九七九年）
アンダソン、ベネディクト（白石隆・白石さや訳）『定本　想像の共同体』（書籍工房早山、二〇〇七年）
家近良樹『西郷隆盛』（ミネルヴァ書房、二〇〇七年）
石井良助『天皇』（山川出版会、一九八二年）
井手成三『困った憲法・困った解釈』（時事通信社、一九七〇年）
伊藤博文『帝国憲法皇室典範義解』（丸善、一九三五年）
伊藤之雄『伊藤博文』（講談社、二〇〇九年）
稲田正次『明治憲法成立史』（有斐閣、一九六〇・六二年）
入江俊郎『日本国憲法成立の経緯』（憲法調査会事務局、一九六〇年）
鵜飼信成『憲法における象徴と代表』（岩波書店、一九七七年）
梅渓昇『明治前期政治史の研究』（未來社、一九七八年）
大石眞監修、縣公一郎・笠原英彦編『なぜ日本型統治システムは疲弊したのか』（ミネルヴァ書房、二〇一六年）
大久保利謙『明治維新の政治過程』（吉川弘文館、一九八五年）

小川原正道『福澤諭吉の政治思想』（慶應義塾大学出版会、二〇一二年）
小川原正道『小泉信三――天皇の師として、自由主義者として』（中央公論新社、二〇一八年）
奥平康弘『「萬世一系」の研究』（岩波書店、二〇〇五年）
小田部雄次『梨本宮伊都子妃の日記』（小学館、一九九一年）
落合弘樹『西郷隆盛と士族』（吉川弘文館、二〇〇五年）
大日方純夫『自由民権運動と立憲改進党』（早稲田大学出版部、一九九一年）
大日方純夫『小野梓』（冨山房インターナショナル、二〇一六年）
鹿児島県維新史料編纂所篇『忠義公史料』七等
笠原英彦『明治国家と官僚制』（芦書房、一九九一年）
笠原英彦『天皇親政』（中央公論社、一九九五年）
笠原英彦『天皇と官僚』（PHP研究所、一九九八年）
笠原英彦『日本行政史序説』（芦書房、一九九八年）
笠原英彦『女帝誕生』（新潮社、二〇〇三年）
笠原英彦『大久保利通』（吉川弘文館、二〇〇五年）
笠原英彦『明治天皇』（中央公論新社、二〇〇六年）
笠原英彦『象徴天皇制と皇位継承』（筑摩書房、二〇〇八年）
笠原英彦『明治留守政府』（慶應義塾大学出版会、二〇一〇年）
笠原英彦『新・皇室論』（芦書房、二〇一三年）
笠原英彦『皇室がなくなる日』（新潮社、二〇一七年）
笠原英彦『天皇・皇室制度の研究』（慶應義塾大学出版会、二〇二二年）
勝田政治『〈政事家〉大久保利通』（講談社、二〇〇三年）
勝田政治『小野梓と自由民権』（有志舎、二〇一〇年）
加藤恭子『昭和天皇と田島道治と吉田茂』（人文書館、二〇〇六年）
門松秀樹『開拓使と幕臣』（慶應義塾大学出版会、二〇〇九年）
門松秀樹『明治維新と幕臣』（中央公論新社、二〇一四年）

我部政男・広瀬順晧・西川誠編『明治前期・地方官会議史料集成　第二期』第一〜六巻（柏書房、一九九九年）
川田敬一『近代日本の国家形成と皇室財産』（原書房、二〇〇一年）
河西秀哉『「象徴天皇」の戦後史』（講談社、二〇一〇年）
河西秀哉編『戦後史のなかの象徴天皇制』（吉田書店、二〇一三年）
木下道雄（高橋紘編）『側近日誌』（中央公論新社、二〇一七年）
近代日本研究会編『幕末・維新の日本』（山川出版社、一九八一年）
グリフィス、W・E（亀井俊介訳）『ミカド』（研究社出版、一九七二年）
グルー、ジョセフ・C（石川欣一訳）『滞日十年』上（筑摩書房、二〇一一年）
梧陰文庫研究会編著『梧陰文庫影印　明治皇室典範制定前史』（大成出版社・國學院大學、一九八二年）
高知県編『高知県史――近代』（高知県文教教会、一九六〇年）
小路田泰直『日本近代都市史研究序説』（柏書房、一九九一年）
小嶋和司『明治典憲体制の成立』（木鐸社、一九八八年）
後藤致人『昭和天皇と近現代日本』（吉川弘文館、二〇〇三年）
後藤致人『内奏――天皇と政治の近現代』（中央公論新社、二〇一〇年）
小西豊治『もう一つの天皇制構想』（御茶の水書房、一九八九年）
小林宏・島善高編著『日本立法資料全集16　明治皇室典範（上）』（信山社出版、一九九六年）
坂井雄吉『明治国家と井上毅』（東京大学出版会、一九八三年）
坂田吉雄『天皇親政』（思文閣出版、一九八四年）
坂野潤治『日本近代史における転換期の研究』（山川出版会、一九八五年）
坂本一登『伊藤博文と明治国家形成』（吉川弘文館、一九九一年）
佐々木克『志士と官僚』（ミネルヴァ書房、一九八四年）
佐々木克『岩倉具視』（吉川弘文館、二〇〇六年）
佐藤達夫（佐藤功補訂）『日本国憲法成立史』第三巻（有斐閣、一九九四年）
重光葵（伊藤隆・渡辺行男編）『続重光葵手記』（中央公論新社、一九八八年）
島善高『近代皇室制度の形成』（成文堂、一九九四年）

島内登志衛編『谷干城遺稿』下（靖献社、一九一二年）
清水伸『明治憲法制定史』上（原書房、一九七一年）
庄司克宏編『日本国憲法の制定過程――大友一郎講義録』（千倉書房、二〇一七年）
鈴木正幸『近代の天皇』（吉川弘文館、一九九二年）
鈴木正幸編著『近代日本の軌跡七近代の天皇』（吉川弘文館、一九九三年）
園部逸夫『皇室制度を考える』（中央公論新社、二〇〇七年）
園部逸夫『皇室法入門』（筑摩書房、二〇二〇年）
タイタス、デイビッド（大谷堅志郎訳）『日本の天皇政治』（サイマル出版会、一九七九年）
高柳賢三・大友一郎・田中英夫編著『日本国憲法制定の過程Ⅰ』（有斐閣、一九七二年）
瀧井一博『ドイツ国家学と明治国制――シュタイン国家学の軌跡』（ミネルヴァ書房、一九九九年）
瀧井一博『伊藤博文』（中央公論新社、二〇一〇年）
武田清子『天皇観の相剋』（岩波書店、一九九三年）
田中彰『近代天皇制への道程』（吉川弘文館、一九七九年）
田中彰『明治維新と天皇制』（吉川弘文館、一九九二年）
茶谷誠一『象徴天皇制の成立』（ＮＨＫ出版、二〇一七年）
茶谷誠一編『象徴天皇制のゆくえ』（志學館大学出版会、二〇二〇年）
辻清明『新版・日本官僚制の研究』（東京大学出版会、一九八六年）
津田茂麿『明治聖上と臣高行』（原書房、一九七〇年）
遠山茂樹『天皇と華族』（岩波書店、一九八八年）
中村政則『象徴天皇制への道』（岩波書店、一九八九年）
中村政則『戦後史と象徴天皇』（岩波書店、一九九二年）
梨本伊都子『三代の天皇と私』（講談社、一九八五年）
西川誠『明治天皇の大日本帝国』（講談社、二〇一八年）
原武史『可視化された帝国――近代日本の行幸啓（増補版）』（みすず書房、二〇一一年）
原秀成『日本国憲法制定の系譜Ⅱ』（日本評論社、二〇〇五年）

原口清『日本近代国家の形成』（岩波書店、一九六九年）
針生誠吉・横田耕一『国民主権と天皇制』（法律文化社、一九八三年）
ハル、コーデル（宮地健次郎訳）『ハル回顧録（改版）』（中央公論新社、二〇一四年）
平尾道雄『子爵谷干城伝』（冨山房、一九三五年）
福島正夫編『日本近代法体制の形成』上（日本評論社、一九八一年）
フジタニ、タカシ（米山リサ訳）『天皇のページェント』（日本放送協会、一九九四年）
伏見博明（古川江里子・小宮京編）『旧皇族の宗家・伏見宮家に生まれて』（中央公論新社、二〇二二年）
古川隆久『昭和天皇』（中央公論新社、二〇一一年）
牧原憲夫『客分と国民のあいだ』（吉川弘文館、一九九八年）
升味準之輔『日本政党史論』（東京大学出版会、一九六五年）
松尾正人『維新政権』（吉川弘文館、二〇〇五年）
松沢裕作『明治地方自治制の起源』（東京大学出版会、二〇一四年）
丸山幹治『副島種臣』（大日社、一九三六年）
御厨貴『明治国家形成と地方経営』（東京大学出版会、一九八〇年）
御厨貴編著『天皇退位 何が論じられたのか』（中央公論新社、二〇二〇年）
村川一郎編著『帝国憲法改正案議事録』（国書刊行会、一九八六年）
明治維新史学会編『幕藩権力と明治維新』（吉川弘文館、一九九二年）
毛利敏彦『大久保利通』（中央公論社、一九七八年）
毛利敏彦『明治六年政変』（中央公論社、一九八〇年）
森川輝紀『教育勅語への道』（三元社、一九九〇年）
安岡昭男『明治維新と領土問題』（教育社、一九八二年）
安岡昭男『副島種臣』（吉川弘文館、二〇一二年）
山内慶太・神吉創二・都倉武之編『アルバム　小泉信三』（慶應義塾大学出版会、二〇〇九年）
山極晃・中村政則編・岡田良之助訳『資料日本占領１　天皇制』（大月書店、一九九〇年）
山中永之佑『日本近代国家の形成と官僚制』（弘文堂、一九七七年）

山中永之佑・中尾敏充・白石玲子・居石正和・飯塚一幸・奥村弘・馬場義弘編『近代日本地方自治立法資料集成Ⅰ　明治前期編』（弘文堂、一九九一年）
吉田茂『回想十年』上中下巻（中央公論新社、二〇一四～一五年）
吉田裕『昭和天皇の終戦史』（岩波書店、一九九二年）
吉田裕・瀬畑源・河西秀哉編『平成の天皇制とは何か』（岩波書店、二〇一七年）
ライシャワー、エドウィン・O（徳岡孝夫訳）『ライシャワー自伝』（文藝春秋、一九八七年）
利光三津夫・笠原英彦『日本の官僚制』（PHP研究所、一九九八年）
ルオフ、ケネス（高橋紘監修、木村剛久・福島睦男訳）『国民の天皇』（岩波書店、二〇〇九年）
渡辺俊一『井上毅と福沢諭吉』（日本図書センター、二〇〇四年）

四、論文

池田勇太「公議輿論と万機親裁」（『史学雑誌』第一一五編第六号、二〇〇四年六月）
伊東巳代治「皇室典範・皇族令草案談話要録」（『梧陰文庫影印本史』）
伊藤之雄「元老院制度再考：伊藤博文・明治天皇・桂太郎」（『史林』七七巻一号）
岩谷十郎「明治太政官期法令の世界」（『日本法令索引〔明治前期編〕』解説、二〇〇七年）
岩波祐子「安定的な皇位継承」をめぐる経緯――我が国と外国王室の実例」（『立法と調査』四一五、二〇一九年九月）
内山京子「木戸孝允と明治初期の新聞界」（『日本歴史』第七二七号、二〇〇八年一二月）
大石眞「憲法附属法としての公文式――その制定過程と改正問題を中心に」（梧陰文庫研究会編『明治国家形成と井上毅』木鐸社、一九九二年）
小川原正道「福沢諭吉の華族論」（寺崎修編『福沢諭吉の思想と近代化構想』慶應義塾大学出版会、二〇〇八年）
尾佐竹猛「明治初期の政治思想界における勃爾咢（エドマンド・バーク）の影響」（『日本憲政史の研究』一元社、一九四三年）
尾佐竹猛「元老院の性格」（『明治文化の新研究』亜細亜書房、一九四四年）
大日方純夫「一八八一年の政変をめぐる中正派の軌跡」（『日本史研究』二〇五号、一九七九年九月）

大日方純夫・我部政男「元老院の政治史的分析」(『元老院日誌』第四巻、三一書房、一九八二年)
大日方純夫・我部政男編「解説」(『元老院日誌』第四巻、三一書房、一九八二年)
大日方純夫「自由民権運動と明治十四年の政変」(明治維新史学会編『講座　明治維新四近代国家の形成』有志舎、二〇一二年)
笠原研究会「元老院にみる「立法」―「行政」関係――建白書と推問権をめぐって」(『政治学論究』第四二号、二〇一〇年三月)
笠原英彦「大久保政権の成立をめぐる一考察」(『法学研究』第七四巻第六号、二〇〇一年六月)
笠原英彦「内閣法制局前史小考――法制官僚と行政立法」(『法学研究』第七一巻第一号、二〇一〇年一月)
笠原英彦「皇室典範制定過程の再検討――皇位継承制度を中心に」(『法学研究』第八三巻一二号、二〇一〇年一二月)
柏原宏紀「太政官制潤飾の実相」(『日本歴史』第七五〇号、二〇一〇年一一月)
勝田政治「内務省内政の成立」(田村貞雄編『幕末維新論集八形成期の明治国家』二〇〇一年)
川田敬一「終戦前後アメリカの皇室財産政策に関する基礎的考察――『皇室経済法』制定前史」(『憲法論叢』六巻、一九九九年)
久保田哲「明治憲法と元老院」(『法学政治学論究』第七七号、二〇〇八年)
久保田哲「草創期元老院議官考――意見書を通じて」(『法学研究』第八三巻第八号、二〇一〇年)
久保田哲「元老院の「議法」機能について――明治太政官期を中心に」(『武蔵野学院大学研究紀要』第八輯、二〇一一年)
久保田哲「明治一〇年代前半の元老院」(『日本歴史』七七一、二〇一二年)
小嶋和司「帝室典則について――明治皇室典範制定初期史の研究」(柳瀬良幹博士東北大学記念『行政行為と憲法』有斐閣、一九七二年)
小林宏「明治皇室典範制定史の一考察」(『國學院法学』第二三巻第二号)
坂野潤治「「富国」論の政治史的考察――一八七四~八一(明治七~一四)年」(梅村又次・中村隆英『松方財政と殖産興業政策』国際連合大学、一九八三年)
坂本一登「華族の立憲制への対応と岩倉――明治一一年華族会館改革運動を中心に」(『日本歴史』四二三、一九八三年)

坂本一登「華族制度をめぐる伊藤博文と岩倉具視」(『東京都立大学法学会雑誌』第二六巻第一号、一九八五年)
坂本一登「明治天皇の形成」(明治維新史学会編『講座　明治維新四近代国家の形成』有志社、二〇一二年)
佐々木克「明治天皇の巡幸と「臣民」の形成」(『思想』八四五号)
澤大洋「元老院「日本国憲按」の立法過程と河津祐之」(『東海大学政治経済学部紀要』第二四号、一九九三年)
志賀尚司「明治初年における「議制」「行政」分離問題」(明治維新史学会編『明治維新の政治と権力』吉川弘文館、一九九二年)
柴田和夫「国立国会図書館所蔵元老院関係資料について」(『北の丸』第六号、一九七六年三月)
島善高「井上毅のシラス論註解――帝国憲法第一条成立の沿革」(梧陰文庫研究会編『明治国家形成と井上毅』木鐸社、一九九二年)
島善高「元老院国憲按の編纂過程」上下(『早稲田人文自然科学研究』第四七・四八号、一九九五年)
島善高「解題」(島編『元老院国憲按編纂史料』国書刊行会、二〇〇〇年)
鈴木正幸「皇室財産論考」上・下(『新しい歴史学のために』第二〇〇・二〇一号、一九九〇年)
瀬畑源「明仁天皇論」(吉田裕・瀬畑源・河西秀哉編『平成の天皇制とは何か』岩波書店、二〇一七年)
高久嶺之介「近代日本の皇室制度」(鈴木正幸編『近代日本の軌跡七　近代の天皇』吉川弘文館、一九九三年)
瀧井一博「文明・立憲制・国民政治――伊藤博文の政治思想」(『明治聖徳記念学会紀要』第四六号、二〇〇九年一一月)
角田茂「元老院の成立――石川県区長総代(忠告社)建白と元老院の機構編成を中心に」(『中央史学』第九号、一九八六年三月)
角田茂「太政官制・内閣制下の元老院――職制と勅任官人事を中心に」(明治維新史学会編『明治維新の政治と権力』吉川弘文館、一九九二年)
寺島宏貴「初期新聞における「公議」と言論競争――慶應四年(一八六八)刊『中外新聞』・『内外新聞』を軸に」(『メディア史研究』二七号、二〇一〇年三月)
長井純市「柳原前光と明治国家形成」(福地惇・佐々木隆『明治日本の政治家群像』吉川弘文館、一九九三年)
中野目徹「参事院関係公文書の検討――参事院の組織と機能・序」(『北の丸』第一九号、一九八七年三月)
中野目徹「徴兵・華族・私学――官庁文書にみる福沢諭吉、慶應義塾」(『近代日本研究』第五巻、一九八九年)

中野目徹「太政官制の構造と内閣制度」（明治維新史学会編『講座明治維新4　近代国家の形成』有志舎、二〇一二年）
西川誠「明治十年代前半の佐佐木高行グループ」（『日本歴史』第四八四号、一九八九年九月）
西川誠「左院における公文書処理――左院の機能に関する一考察」（『日本歴史』第五二八号、一九九二年五月）
西川誠「参事院の創設――明治十四年政変後の太政官における公文書処理」（『書陵部紀要』第四八号、一九九七年三月）
西川誠「木戸孝允と宮中問題」（『明治天皇と政治家群像』吉川弘文館、二〇〇二年）
早川瑛「ローレンツ・フォン・シュタインに宛てた福沢諭吉の書簡について」（近代日本研究会編『年報・近代日本研究一二――近代日本と東アジア』山川出版会、一九八〇年）
原科颯「駐露公使・柳原前光の皇室制度論」（『法学政治学論究』第一二七号）
藤田正「明治初年の太政官制と「公議・公論」」（明治維新史学会編『講座明治維新3　維新政権の創設』有志舎、二〇一一年）
柗居宏枝「ローレンツ・フォン・シュタインをめぐる在欧外交官の動静」（『史学雑誌』史学雑誌第一二一編第一号、二〇一二年二月）
松尾正人「明治初期太政官制度と左院」（『中央史学』第四号、一九八一年三月）
松尾正人「明治初年における左院の西欧視察団」（『国際政治』第八一号、一九八六年三月）
御厨貴「大久保没後体制――統治機構改革と財政転換」（『年報・近代日本研究』三、一九八一年）
御厨貴「十四年政変と基本路線の確定」（『日本歴史大系』四　近代一、山川出版社、一九八七年）
三阪佳弘「明治前期における行政事件取扱制度の一考察――明治一〇（一八七七）年起草行政処分願訴規則案を題材に」（『阪大法学』第一三九号、一九八六年）
水野京子「明治初年における行政・立法分離問題――法令案審査制度の形成過程を中心に」（『書陵部紀要』第五八号、二〇〇七年三月）
三宅守常「理事官山田顕義の欧州随員考」（日本大学総合科学研究所編『山田顕義――人と思想』一九九二年）
山嵜雄一朗「明治八年における元老院と太政官制の改革」（『愛知学院大学大学院文学研究科文研会紀要』第一七号、二〇〇六年三月）
山崎有恒「「公議」抽出機構の形成と崩壊――公議所と集議院」（『歴史学研究』八四二号、一九九三年）

山崎有恒「公議書・集議院の設立と「公議」思想」（明治維新史学会編『講座明治維新3　維新政権の創設』有志舎、二〇一一年）
山下重一「明治皇室典範起草に関する資料2点――柳原前光初稿・第3稿に対する井上毅の修正と意見」（『國學院法学』第二巻第三号）
山下重一「「バーク」の本邦初訳――金子堅太郎訳『政治論略』について」一・二（『國學院法学』第一八巻第一・二号、一九八〇年七月・九月）
湯川文彦「明治初期元老院の議事制度改革」（『東京大学日本史学研究室紀要』第一五号、二〇一一年）
吉岡拓「福澤諭吉と天皇制――明治一五年、『帝室論』執筆への軌跡」（『近代日本研究』第二〇巻、二〇〇四年）
吉野作造「スタイン、グナイストと伊藤博文」（『改造』六二号、一九三三年二月号）
渡辺昭夫「天皇制国家形成途上における「天皇親政」の思想と運動」（『歴史研究』二五四号）
渡辺治「近年の天皇論議の歪みと皇室典範の再検討」（吉田裕・瀬畑源・河西秀哉編『平成の天皇制とは何か』岩波書店、二〇一七年）

皇室典範（明治典範）

一八八九年二月一一日

冒頭文（省略）

第一章　皇位継承

第一条　大日本国皇位ハ祖宗ノ皇統ニシテ男系ノ男子之ヲ継承ス
第二条　皇位ハ皇長子ニ伝フ
第三条　皇長子在ラサルトキハ皇長孫ニ伝フ皇長子及其ノ子孫皆在ラサルトキハ皇次子及其ノ子孫ニ伝フ以下皆之ニ例ス
第四条　皇子孫ノ皇位ヲ継承スルハ嫡出ヲ先ニス皇庶子孫ノ皇位ヲ継承スルハ皇嫡子孫皆在ラサルトキニ限ル
第五条　皇子孫皆在ラサルトキハ皇兄弟及其ノ子孫ニ伝フ
第六条　皇兄弟及其ノ子孫皆在ラサルトキハ皇伯叔父及其ノ子孫ニ伝フ
第七条　皇伯叔父及其ノ子孫皆在ラサルトキハ其ノ以上ニ於テ最近親ノ皇族ニ伝フ
第八条　皇兄弟以上ハ同等内ニ於テ嫡ヲ先ニシ庶ヲ後ニシ長ヲ先ニシ幼ヲ後ニス
第九条　皇嗣精神若ハ身体ノ不治ノ重患アリ又ハ重大ノ事故アルトキハ皇族会議及枢密顧問ニ諮詢シ前数条ニ依リ継承ノ順序ヲ換フルコトヲ得

第二章　践祚即位

第十条　天皇崩スルトキハ皇嗣即チ践祚シ祖宗ノ神器ヲ承ク
第十一条　即位ノ礼及大嘗祭ハ京都ニ於テ之ヲ行フ
第十二条　践祚ノ後元号ヲ建テ一世ノ間ニ再ヒ改メサルコト明治元年ノ定制ニ従フ

第三章　成年立后立太子

第十三条　天皇及皇太子皇太孫ハ満十八年ヲ以テ成年トス

第十四条　前条ノ外ノ皇族ハ満二十年ヲ以テ成年トス
第十五条　儲嗣タル皇子ヲ皇太子トス皇太子在ラサルトキハ儲嗣タル皇孫ヲ皇太孫トス
第十六条　皇后皇太子皇太孫ヲ立ツルトキハ詔書ヲ以テ之ヲ公布ス

第四章　敬称

第十七条　天皇太皇太后皇太后皇后ノ敬称ハ陛下トス
第十八条　皇太子皇太子妃皇太孫皇太孫妃親王親王妃内親王王王妃女王ノ敬称ハ殿下トス

第五章　摂政

第十九条　天皇未タ成年ニ達セサルトキハ摂政ヲ置ク
②　天皇久キニ亘ルノ故障ニ由リ大政ヲ親ラスルコト能ハサルトキハ皇族会議及枢密顧問ノ議ヲ経テ摂政ヲ置ク
第二十条　摂政ハ成年ニ達シタル皇太子又ハ皇太孫之ニ任ス
第二十一条　皇太子皇太孫在ラサルカ又ハ未タ成年ニ達セサルトキハ左ノ順序ニ依リ摂政ニ任ス
　第一　親王及王
　第二　皇后
　第三　皇太后
　第四　太皇太后
　第五　内親王及女王
第二十二条　皇族男子ノ摂政ニ任スルハ皇位継承ノ順序ニ従フ其ノ女子ニ於ケルモ亦之ニ準ス
第二十三条　皇族女子ノ摂政ニ任スルハ其ノ配偶アラサル者ニ限ル
第二十四条　最近親ノ皇族未タ成年ニ達セサルカ又ハ其ノ他ノ事故ニ由リ他ノ皇族摂政ニ任シタルトキハ後来最近親ノ皇族成年ニ達シ又ハ其ノ事故既ニ除クト雖皇太子及皇太孫ニ対スルノ外其ノ任ヲ譲ルコトナシ
第二十五条　摂政又ハ摂政タルヘキ者精神若ハ身体ノ重患アリ又ハ重大ノ事故アルトキハ皇族会議及枢密顧問ノ議ヲ経テ其ノ順序ヲ換フルコトヲ得

第六章　太傅

第二十六条　天皇未タ成年ニ達セサルトキハ太傅ヲ置キ保育ヲ掌ラシム

第二十七条　先帝遺命ヲ以テ太傅ヲ任セサリシトキハ摂政ヨリ皇族会議及枢密顧問ニ諮詢シ之ヲ選任ス
第二十八条　太傅ハ摂政及其ノ子孫之ニ任スルコトヲ得ス
第二十九条　摂政ハ皇族会議及枢密顧問ニ諮詢シタル後ニ非サレハ太傅ヲ退職セシムルコトヲ得ス

第七章　皇族

第三十条　皇族ト称フルハ太皇太后皇太后皇后皇太子皇太子妃皇太孫皇太孫妃親王親王妃内親王王王妃女王ヲ謂フ
第三十一条　皇子ヨリ皇玄孫ニ至ルマテハ男ヲ親王女ヲ内親王トシ五世以下ハ男ヲ王女ヲ女王トス
第三十二条　天皇支系ヨリ入テ大統ヲ承クルトキハ皇兄弟姉妹ノ王女王タル者ニ特ニ親王内親王ノ号ヲ宣賜ス
第三十三条　皇族ノ誕生命名婚嫁薨去ハ宮内大臣之ヲ公告ス
第三十四条　皇統譜及前条ニ関ル記録ハ図書寮ニ於テ尚蔵ス
第三十五条　皇族ハ天皇之ヲ監督ス
第三十六条　摂政在任ノ時ハ前条ノ事ヲ摂行ス
第三十七条　皇族男女幼年ニシテ父ナキ者ハ宮内ノ官僚ニ命シ保育ヲ掌ラシム事宜ニ依リ天皇ハ其ノ父母ノ選挙セル後見人ヲ認可シ又ハ之ヲ勅選スヘシ
第三十八条　皇族ノ後見人ハ成年以上ノ皇族ニ限ル
第三十九条　皇族ノ婚嫁ハ同族又ハ勅旨ニ由リ特ニ認許セラレタル華族ニ限ル
第四十条　皇族ノ婚嫁ハ勅許ニ由ル
第四十一条　皇族ノ婚嫁ヲ許可スルノ勅書ハ宮内大臣之ニ副署ス
第四十二条　皇族ハ養子ヲ為スコトヲ得ス
第四十三条　皇族国彊ノ外ニ旅行セムトスルトキハ勅許ヲ請フヘシ
第四十四条　皇族女子ノ臣籍ニ嫁シタル者ハ皇族ノ列ニ在ラス但シ特旨ニ依リ仍内親王女王ノ称ヲ有セシムルコトアルヘシ

第八章　世伝御料

第四十五条　土地物件ノ世伝御料ト定メタルモノハ分割譲与スルコトヲ得ス

第四十六条　世伝御料ニ編入スル土地物件ハ枢密顧問ニ諮詢シ勅書ヲ以テ之ヲ定メ宮内大臣之ヲ公告ス

第九章　皇室経費

第四十七条　皇室諸般ノ経費ハ特ニ常額ヲ定メ国庫ヨリ支出セシム

第四十八条　皇室経費ノ予算決算検査及其ノ他ノ規則ハ皇室会計法ノ定ムル所ニ依ル

第十章　皇室訴訟及懲戒

第四十九条　皇族相互ノ民事ノ訴訟ハ勅旨ニ依リ宮内省ニ於テ裁判員ヲ命シ裁判セシメ勅裁ヲ経テ之ヲ執行ス

第五十条　人民ヨリ皇族ニ対スル民事ノ訴訟ハ東京控訴院ニ於テ之ヲ裁判ス但シ皇族ハ代人ヲ以テ訴訟ニ当ラシメ自ラ訟廷ニ出ルヲ要セス

第五十一条　皇族ハ勅許ヲ得ルニ非サレハ勾引シ又ハ裁判所ニ召喚スルコトヲ得ス

第五十二条　皇族其ノ品位ヲ辱ムルノ所行アリ又ハ皇室ニ対シ忠順ヲ欠クトキハ勅旨ヲ以テ之ヲ懲戒シ其ノ重キ者ハ皇族特権ノ一部又ハ全部ヲ停止シ若ハ剝奪スヘシ

第五十三条　皇族蕩産ノ所行アルトキハ勅旨ヲ以テ治産ノ禁ヲ宣告シ其ノ管財者ヲ任スヘシ

第五十四条　前二条ハ皇族会議ニ諮詢シタル後之ヲ勅裁ス

第十一章　皇族会議

第五十五条　皇族会議ハ成年以上ノ皇族男子ヲ以テ組織シ内大臣枢密院議長宮内大臣司法大臣大審院長ヲ以テ参列セシム

第五十六条　天皇ハ皇族会議ニ親臨シ又ハ皇族中ノ一員ニ命シテ議長タラシム

第十二章　補則

第五十七条　現在ノ皇族五世以下親王ノ号ヲ宣賜シタル者ハ旧ニ依ル

第五十八条　皇位継承ノ順序ハ総テ実系ニ依ル現在皇養子皇猶子又ハ他ノ継嗣タルノ故ヲ以テ之ヲ混スルコトナシ

第五十九条　親王内親王王女王ノ品位ハ之ヲ廃ス

第六十条　親王ノ家格及其ノ他此ノ典範ニ牴触スル例規ハ総テ之ヲ廃ス

第六十一条　皇族ノ財産歳費及諸規則ハ別ニ之ヲ定ムヘシ

第六十二条　将来此ノ典範ノ条項ヲ改正シ又ハ増補スヘキノ必要アルニ当テハ皇族会議及枢密顧問ニ諮詢シテ之ヲ勅定スヘシ

皇室典範増補（一九〇七年二月一一日）

第一条　王ハ勅旨又ハ情願ニ依リ家名ヲ賜ヒ華族ニ列セシムルコトアルヘシ

第二条　王ハ勅許ニ依リ華族ノ家督相続人トナリ又ハ家督相続ノ目的ヲ以テ華族ノ養子トナルコトヲ得

第三条　前二条ニ依リ臣籍ニ入リタル者ノ妻直系卑属及其ノ妻ハ其ノ家ニ入ル但シ他ノ皇族ニ嫁シタル女子及其ノ直系卑属ハ此ノ限ニ在ラス

第四条　特権ヲ剝奪セラレタル皇族ハ勅旨ニ由リ臣籍ニ降スコトアルヘシ

②　前項ニ依リ臣籍ニ降サレタル者ノ妻ハ其ノ家ニ入ル

第五条　第一条第二条第四条ノ場合ニ於テハ皇族会議及枢密顧問ノ諮詢ヲ経ヘシ

第六条　皇族ノ臣籍ニ入リタル者ハ皇族ニ復スルコトヲ得ス

第七条　皇族ノ身位其ノ他ノ権義ニ関スル規程ハ此ノ典範ニ定メタルモノノ外別ニ之ヲ定ム

②　皇族ト人民トニ渉ル事項ニシテ各適用スヘキ法規ヲ異ニスルトキハ前項ノ規程ニ依ル

第八条　法律命令中皇族ニ適用スヘキモノトシタル規定ハ此ノ典範又ハ之ニ基ツキ発スル規則ニ別段ノ条規ナキトキニ限リ之ヲ適用ス

皇室典範増補（一九一八年一一月二八日）

皇族女子ハ王族又ハ公族ニ嫁スルコトヲ得

大日本帝国憲法（抄）

一八八九年二月一一日

第一章　天皇

第一条　大日本帝国ハ万世一系ノ天皇之ヲ統治ス
第二条　皇位ハ皇室典範ノ定ムル所ニ依リ皇男子孫之ヲ継承ス
第三条　天皇ハ神聖ニシテ侵スヘカラス
第四条　天皇ハ国ノ元首ニシテ統治権ヲ総攬シ此ノ憲法ノ条規ニ依リ之ヲ行フ
第五条　天皇ハ帝国議会ノ協賛ヲ以テ立法権ヲ行フ
第六条　天皇ハ法律ヲ裁可シ其ノ公布及執行ヲ命ス
第七条　天皇ハ帝国議会ヲ召集シ其ノ開会閉会停会及衆議院ノ解散ヲ命ス
第八条　天皇ハ公共ノ安全ヲ保持シ又ハ其ノ災厄ヲ避クル為緊急ノ必要ニ由リ帝国議会閉会ノ場合ニ於テ法律ニ代ルヘキ勅令ヲ発ス
②　此ノ勅令ハ次ノ会期ニ於テ帝国議会ニ提出スヘシ若議会ニ於テ承諾セサルトキハ政府ハ将来ニ向テ其ノ効力ヲ失フコトヲ公布スヘシ
第九条　天皇ハ法律ヲ執行スル為ニ又ハ公共ノ安寧秩序ヲ保持シ及臣民ノ幸福ヲ増進スル為ニ必要ナル命令ヲ発シ又ハ発セシム但シ命令ヲ以テ法律ヲ変更スルコトヲ得ス
第十条　天皇ハ行政各部ノ官制及文武官ノ俸給ヲ定メ及文武官ヲ任免ス但シ此ノ憲法又ハ他ノ法律ニ特例ヲ掲ケタルモノハ各々其ノ条項ニ依ル
第十一条　天皇ハ陸海軍ヲ統帥ス
第十二条　天皇ハ陸海軍ノ編制及常備兵額ヲ定ム
第十三条　天皇ハ戦ヲ宣シ和ヲ講シ及諸般ノ条約ヲ締結ス

第十四条　天皇ハ戒厳ヲ宣告ス
②　戒厳ノ要件及効力ハ法律ヲ以テ之ヲ定ム
第十五条　天皇ハ爵位勲章及其ノ他ノ栄典ヲ授与ス
第十六条　天皇ハ大赦特赦減刑及復権ヲ命ス
第十七条　摂政ヲ置クハ皇室典範ノ定ムル所ニ依ル
②　摂政ハ天皇ノ名ニ於テ大権ヲ行フ

皇室典範（現行典範）

一九四七年五月三日

第一章　皇位継承

第一条　皇位は、皇統に属する男系の男子が、これを継承する。

第二条　皇位は、左の順序により、皇族に、これを伝える。

一　皇長子
二　皇長孫
三　その他の皇長子の子孫
四　皇次子及びその子孫
五　その他の皇子孫
六　皇兄弟及びその子孫
七　皇伯叔父及びその子孫

② 前項各号の皇族がないときは、皇位は、それ以上で、最近親の系統の皇族に、これを伝える。

③ 前二項の場合においては、長系を先にし、同等内では、長を先にする。

第三条　皇嗣に、精神若しくは身体の不治の重患があり、又は重大な事故があるときは、皇室会議の議により、前条に定める順序に従つて、皇位継承の順序を変えることができる。

第四条　天皇が崩じたときは、皇嗣が、直ちに即位する。

第二章　皇族

第五条　皇后、太皇太后、皇太后、親王、親王妃、内親王、王、王妃及び女王を皇族とする。

第六条　嫡出の皇子及び嫡男系嫡出の皇孫は、男を親王、女を内親王とし、三世以下の嫡男系嫡出の子孫は、男を王、女を女王とする。

第七条　王が皇位を継承したときは、その兄弟姉妹たる王及び女王は、特にこれを親王及び内親王とする。
第八条　皇嗣たる皇子を皇太子という。皇太子のないときは、皇嗣たる皇孫を皇太孫という。
第九条　天皇及び皇族は、養子をすることができない。
第十条　立后及び皇族男子の婚姻は、皇室会議の議を経ることを要する。
第十一条　年齢十五年以上の内親王、王及び女王は、その意思に基き、皇室会議の議により、皇族の身分を離れる。
②　親王（皇太子及び皇太孫を除く。）、内親王、王及び女王は、前項の場合の外、やむを得ない特別の事由があるときは、皇室会議の議により、皇族の身分を離れる。
第十二条　皇族女子は、天皇及び皇族以外の者と婚姻したときは、皇族の身分を離れる。
第十三条　皇族の身分を離れる親王又は王の妃並びに直系卑属及びその妃は、他の皇族と婚姻した女子及びその直系卑属を除き、同時に皇族の身分を離れる。但し、直系卑属及びその妃については、皇室会議の議により、皇族の身分を離れないものとすることができる。
第十四条　皇族以外の女子で親王妃又は王妃となつた者が、その夫を失つたときは、その意思により、皇族の身分を離れることができる。
②　前項の者が、その夫を失つたときは、同項による場合の外、やむを得ない特別の事由があるときは、皇室会議の議により、皇族の身分を離れる。
③　第一項の者は、離婚したときは、皇族の身分を離れる。
④　第一項及び前項の規定は、前条の他の皇族と婚姻した女子に、これを準用する。
第十五条　皇族以外の者及びその子孫は、女子が皇后となる場合及び皇族男子と婚姻する場合を除いては、皇族となることがない。

第三章　摂政

第十六条　天皇が成年に達しないときは、摂政を置く。
②　天皇が、精神若しくは身体の重患又は重大な事故により、国事に関する行為をみずからすることができないときは、皇室会議の議により、摂政を置く。

第十七条 摂政は、左の順序により、成年に達した皇族が、これに就任する。
一 皇太子又は皇太孫
二 親王及び王
三 皇后
四 皇太后
五 太皇太后
六 内親王及び女王
② 前項第二号の場合においては、皇位継承の順序に従い、同項第六号の場合においては、皇位継承の順序に準ずる。
第十八条 摂政又は摂政となる順位にあたる者に、精神若しくは身体の重患があり、又は重大な事故があるときは、皇室会議の議により、前条に定める順序に従つて、摂政又は摂政となる順序を変えることができる。
第十九条 摂政となる順位にあたる者が、成年に達しないため、又は前条の故障があるために、他の皇族が、摂政となつたときは、先順位にあたつていた皇族が、成年に達し、又は故障がなくなつたときでも、皇太子又は皇太孫に対する場合を除いては、摂政の任を譲ることがない。
第二十条 第十六条第二項の故障がなくなつたときは、皇室会議の議により、摂政を廃する。
第二十一条 摂政は、その在任中、訴追されない。但し、これがため、訴追の権利は、害されない。

第四章　成年、敬称、即位の礼、大喪の礼、皇統譜及び陵墓

第二十二条 天皇、皇太子及び皇太孫の成年は、十八年とする。
第二十三条 天皇、皇后、太皇太后及び皇太后の敬称は、陛下とする。
② 前項の皇族以外の皇族の敬称は、殿下とする。
第二十四条 皇位の継承があつたときは、即位の礼を行う。
第二十五条 天皇が崩じたときは、大喪の礼を行う。
第二十六条 天皇及び皇族の身分に関する事項は、これを皇統譜に登録する。
第二十七条 天皇、皇后、太皇太后及び皇太后を葬る所を陵、その他の皇族を葬る所を墓とし、陵及び墓に関す

る事項は、これを陵籍及び墓籍に登録する。

第五章　皇室会議

第二十八条　皇室会議は、議員十人でこれを組織する。
② 議員は、皇族二人、衆議院及び参議院の議長及び副議長、内閣総理大臣、宮内庁の長並びに最高裁判所の長たる裁判官及びその他の裁判官一人を以て、これに充てる。
③ 議員となる皇族及び最高裁判所の長たる裁判官以外の裁判官は、各々成年に達した皇族又は最高裁判所の長たる裁判官以外の裁判官の互選による。

第二十九条　内閣総理大臣たる議員は、皇室会議の議長となる。

第三十条　皇室会議に、予備議員十人を置く。
② 皇族及び最高裁判所の裁判官たる議員の予備議員については、第二十八条第三項の規定を準用する。
③ 衆議院及び参議院の議長及び副議長たる議員の予備議員は、各々衆議院及び参議院の議員の互選による。
④ 前二項の予備議員の員数は、各々その議員の員数と同数とし、その職務を行う順序は、互選の際、これを定める。
⑤ 内閣総理大臣たる議員の予備議員は、内閣法の規定により臨時に内閣総理大臣の職務を行う者として指定された国務大臣を以て、これに充てる。
⑥ 宮内庁の長たる議員の予備議員は、内閣総理大臣の指定する宮内庁の官吏を以て、これに充てる。
⑦ 議員に事故のあるとき、又は議員が欠けたときは、その予備議員が、その職務を行う。

第三十一条　第二十八条及び前条において、衆議院の議長、副議長又は議員とあるのは、衆議院が解散されたときは、後任者の定まるまでは、各々解散の際衆議院の議長、副議長又は議員であつた者とする。

第三十二条　皇族及び最高裁判所の長たる裁判官以外の裁判官たる議員及び予備議員の任期は、四年とする。

第三十三条　皇室会議は、議長が、これを招集する。
② 皇室会議は、第三条、第十六条第二項、第十八条及び第二十条の場合には、四人以上の議員の要求があるときは、これを招集することを要する。

第三十四条　皇室会議は、六人以上の議員の出席がなければ、議事を開き議決することができない。

第三十五条　皇室会議の議事は、第三条、第十六条第二項、第十八条及び第二十条の場合には、出席した議員の三分の二以上の多数でこれを決し、その他の場合には、過半数でこれを決する。
② 前項後段の場合において、可否同数のときは、議長の決するところによる。
第三十六条　議員は、自分の利害に特別の関係のある議事には、参与することができない。
第三十七条　皇室会議は、この法律及び他の法律に基く権限のみを行う。

附則
① この法律は、日本国憲法施行の日から、これを施行する。
② 現在の皇族は、この法律による皇族とし、第六条の規定の適用については、これを嫡男系嫡出の者とする。
③ 現在の陵及び墓は、これを第二十七条の陵及び墓とする。
④ この法律の特例として天皇の退位について定める天皇の退位等に関する皇室典範特例法（平成二十九年法律第六十三号）は、この法律と一体を成すものである。

日本国憲法（抄）

一九四七年五月三日

第一章　天皇

第一条　天皇は、日本国の象徴であり日本国民統合の象徴であつて、この地位は、主権の存する日本国民の総意に基く。
第二条　皇位は、世襲のものであつて、国会の議決した皇室典範の定めるところにより、これを継承する。
第三条　天皇の国事に関するすべての行為には、内閣の助言と承認を必要とし、内閣が、その責任を負ふ。
第四条　天皇は、この憲法の定める国事に関する行為のみを行ひ、国政に関する権能を有しない。
②　天皇は、法律の定めるところにより、その国事に関する行為を委任することができる。
第五条　皇室典範の定めるところにより摂政を置くときは、摂政は、天皇の名でその国事に関する行為を行ふ。この場合には、前条第一項の規定を準用する。
第六条　天皇は、国会の指名に基いて、内閣総理大臣を任命する。
②　天皇は、内閣の指名に基いて、最高裁判所の長たる裁判官を任命する。
第七条　天皇は、内閣の助言と承認により、国民のために、左の国事に関する行為を行ふ。
一　憲法改正、法律、政令及び条約を公布すること。
二　国会を召集すること。
三　衆議院を解散すること。
四　国会議員の総選挙の施行を公示すること。
五　国務大臣及び法律の定めるその他の官吏の任免並びに全権委任状及び大使及び公使の信任状を認証すること。
六　大赦、特赦、減刑、刑の執行の免除及び復権を認証すること。

七　栄典を授与すること。
八　批准書及び法律の定めるその他の外交文書を認証すること。
九　外国の大使及び公使を接受すること。
十　儀式を行ふこと。
第八条　皇室に財産を譲り渡し、又は皇室が、財産を譲り受け、若しくは賜与することは、国会の議決に基かなければならない。

第三章　国民の権利及び義務

第十四条　すべて国民は、法の下に平等であつて、人種、信条、性別、社会的身分又は門地により、政治的、経済的又は社会的関係において、差別されない。
②　華族その他の貴族の制度は、これを認めない。
③　栄誉、勲章その他の栄典の授与は、いかなる特権も伴はない。栄典の授与は、現にこれを有し、又は将来これを受ける者の一代に限り、その効力を有する。

第九章　改正

第九十六条　この憲法の改正は、各議院の総議員の三分の二以上の賛成で、国会が、これを発議し、国民に提案してその承認を経なければならない。この承認には、特別の国民投票又は国会の定める選挙の際行はれる投票において、その過半数の賛成を必要とする。
②　憲法改正について前項の承認を経たときは、天皇は、国民の名で、この憲法と一体を成すものとして、直ちにこれを公布する。

天皇の退位等に関する皇室典範特例法

二〇一九年四月三〇日

第一条　この法律は、天皇陛下が、昭和六十四年一月七日の御即位以来二十八年を超える長期にわたり、国事行為のほか、全国各地への御訪問、被災地のお見舞いをはじめとする象徴としての公的な御活動に精励してこられた中、八十三歳と御高齢になられ、今後これらの御活動を天皇として自ら続けられることが困難となることを深く案じておられること、これに対し、国民は、御高齢に至るまでこれらの御活動に精励されている天皇陛下を深く敬愛し、この天皇陛下のお気持ちを理解し、これに共感していること、さらに、皇嗣である皇太子殿下は、五十七歳となられ、これまで国事行為の臨時代行等の御公務に長期にわたり精勤されておられることという現下の状況に鑑み、皇室典範（昭和二十二年法律第三号）第四条の規定の特例として、天皇陛下の退位及び皇嗣の即位を実現するとともに、天皇陛下の退位後の地位その他の退位に伴い必要となる事項を定めるものとする。

第二条　天皇は、この法律の施行の日限り、退位し、皇嗣が、直ちに即位する。

第三条　前条の規定により退位した天皇は、上皇とする。

②　上皇の敬称は、陛下とする。

③　上皇の身分に関する事項の登録、喪儀及び陵墓については、天皇の例による。

④　上皇に関しては、前二項に規定する事項を除き、皇室典範（第二条、第二十八条第二項及び第三項並びに第三十条第二項を除く。）に定める事項については、皇族の例による。

第四条　上皇の后は、上皇后とする。

②　上皇后に関しては、皇室典範に定める事項については、皇太后の例による。

第五条　第二条の規定による皇位の継承に伴い皇嗣となった皇族に関しては、皇室典範に定める事項については、皇太子の例による。

附則

第一条　この法律は、公布の日から起算して三年を超えない範囲内において政令で定める日から施行する。ただし、第一条並びに次項、次条、附則第八条及び附則第九条の規定は公布の日から、附則第十条及び第十一条の規定はこの法律の施行の日の翌日から施行する。

② 前項の政令を定めるに当たっては、内閣総理大臣は、あらかじめ、皇室会議の意見を聴かなければならない。

第二条　この法律は、この法律の施行の日以前に皇室典範第四条の規定による皇位の継承があったときは、その効力を失う。

第三条　皇室典範の一部を次のように改正する。

附則に次の一項を加える。

この法律の特例として天皇の退位について定める天皇の退位等に関する皇室典範特例法（平成二十九年法律第六十三号）は、この法律と一体を成すものである。

第四条　上皇に関しては、次に掲げる事項については、天皇の例による。

一　刑法（明治四十年法律第四十五号）第二編第三十四章の罪に係る告訴及び検察審査会法（昭和二十三年法律第百四十七号）の規定による検察審査員の職務

二　前号に掲げる事項のほか、皇室経済法（昭和二十二年法律第四号）その他の政令で定める法令に定める事項

② 上皇に関しては、前項に規定する事項のほか、警察法（昭和二十九年法律第百六十二号）その他の政令で定める法令に定める事項については、皇族の例による。

③ 上皇の御所は、国会議事堂、内閣総理大臣官邸その他の国の重要な施設等、外国公館等及び原子力事業所の周辺地域の上空における小型無人機等の飛行の禁止に関する法律（平成二十八年法律第九号）の規定の適用については、同法第二条第一項第一号ホに掲げる施設とみなす。

第五条　上皇后に関しては、次に掲げる事項については、皇太后の例による。

一　刑法第二編第三十四章の罪に係る告訴及び検察審査会法の規定による検察審査員の職務
二　前号に掲げる事項のほか、皇室経済法その他の政令で定める法令に定める事項

第六条　第二条の規定による皇位の継承に伴い皇嗣となった皇族に対しては、皇室経済法第六条第三項第一号の規定にかかわらず、同条第一項の皇族費のうち年額によるものとして、同項の定額の三倍に相当する額の金額を毎年支出するものとする。この場合において、皇室経済法施行法（昭和二十二年法律第百十三号）第十条の規定の適用については、同条第一項中「第四項」とあるのは、「第四項並びに天皇の退位等に関する皇室典範特例法（平成二十九年法律第六十三号）附則第六条第一項前段」とする。
②　附則第四条第三項の規定は、第二条の規定による皇位の継承に伴い皇嗣となった皇族の御在所について準用する。

第七条　第二条の規定により皇位の継承があった場合において皇室経済法第七条の規定により皇位とともに皇嗣が受けた物については、贈与税を課さない。
②　前項の規定により贈与税を課さないこととされた物については、相続税法（昭和二十五年法律第七十三号）第十九条第一項の規定は、適用しない。

第八条　次に掲げる政令を定める行為については、行政手続法（平成五年法律第八十八号）第六章の規定は、適用しない。
一　第二条の規定による皇位の継承に伴う元号法（昭和五十四年法律第四十三号）第一項の規定に基づく政令
二　附則第四条第一項第二号及び第二項、附則第五条第二号並びに次条の規定に基づく政令

第九条　この法律に定めるもののほか、この法律の施行に関し必要な事項は、政令で定める。

第十条　国民の祝日に関する法律（昭和二十三年法律第百七十八号）の一部を次のように改正する。
第二条中「春分の日　春分日　自然をたたえ、生物をいつくしむ。」を「天皇誕生日　二月二十三日　天皇の誕生日を祝う。　春分の日　春分日　自然をたたえ、生物をいつくしむ。」に改め、「天皇誕生日　十二月二十三日　天皇の誕生日を祝う。」を削る。

第十一条　宮内庁法（昭和二十二年法律第七十号）の一部を次のように改正する。
附則を附則第一条とし、同条の次に次の二条を加える。

第二条　宮内庁は、第二条各号に掲げる事務のほか、上皇に関する事務をつかさどる。この場合において、内閣府設置法第四条第三項第五十七号の規定の適用については、同号中「第二条」とあるのは、「第二条及び附則第二条第一項前段」とする。
② 第三条第一項の規定にかかわらず、宮内庁に、前項前段の所掌事務を遂行するため、上皇職を置く。
③ 上皇職に、上皇侍従長及び上皇侍従次長一人を置く。
④ 上皇侍従長は、上皇の側近に奉仕し、命を受け、上皇職の事務を掌理する。
⑤ 上皇侍従次長は、命を受け、上皇侍従長を助け、上皇職の事務を整理する。
⑥ 上皇侍従長の任免は、天皇が認証する。
⑦ 第三条第三項及び第十五条第四項の規定は、上皇職について準用する。
⑧ 上皇侍従長及び上皇侍従次長は、国家公務員法（昭和二十二年法律第百二十号）第二条に規定する特別職とする。この場合において、特別職の職員の給与に関する法律（昭和二十四年法律第二百五十二号。以下この項及び次条第六項において「特別職給与法」という。）及び行政機関の職員の定員に関する法律（昭和四十四年法律第三十三号。以下この項及び次条第六項において「定員法」という。）の規定の適用については、特別職給与法第一条第四十二号中「侍従長」とあるのは「侍従長、上皇侍従長」と、同条第七十三号中「の者」とあるのは「の者及び上皇侍従次長」と、特別職給与法別表第一中「式部官長」とあるのは「上皇侍従長及び式部官長」と、定員法第一条第二項第二号中「侍従長」とあるのは「侍従長、上皇侍従長」と、「及び侍従次長」とあるのは「、侍従次長及び上皇侍従次長」とする。

第三条　第三条第一項の規定にかかわらず、宮内庁に、天皇の退位等に関する皇室典範特例法（平成二十九年法律第六十三号）第二条の規定による皇位の継承に伴い皇嗣となった皇族に関する事務を遂行するため、皇嗣職を置く。
② 皇嗣職に、皇嗣職大夫を置く。
③ 皇嗣職大夫は、命を受け、皇嗣職の事務を掌理する。
④ 第三条第三項及び第十五条第四項の規定は、皇嗣職について準用する。
⑤ 第一項の規定により皇嗣職が置かれている間は、東宮職を置かないものとする。

⑥　皇嗣職大夫は、国家公務員法第二条に規定する特別職とする。この場合において、特別職給与法及び定員法の規定の適用については、特別職給与法第一条第四十二号及び別表第一並びに定員法第一条第二項第二号中「東宮大夫」とあるのは、「皇嗣職大夫」とする。

天皇系図

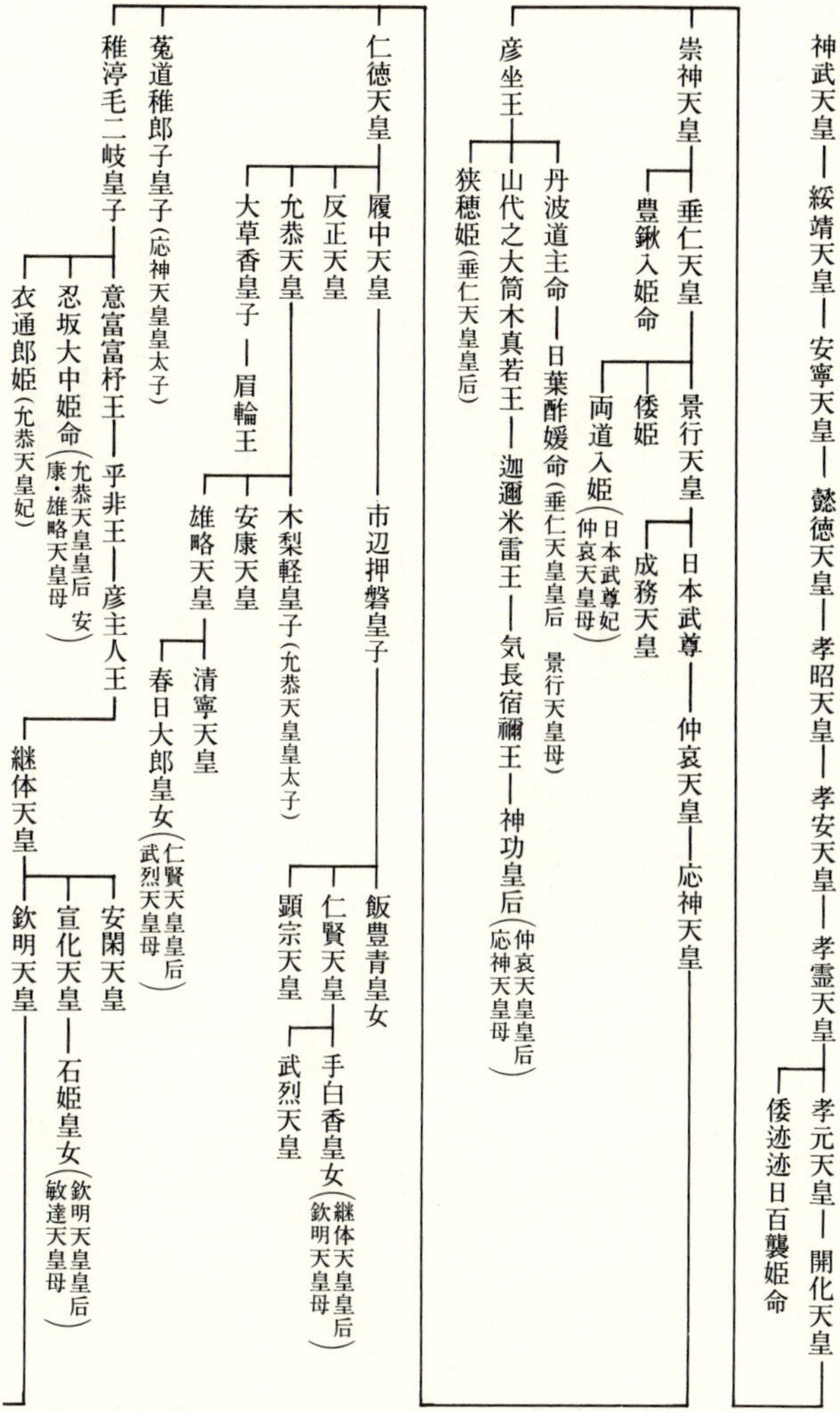
神武天皇
綏靖天皇
安寧天皇
懿徳天皇
孝昭天皇
孝安天皇
孝霊天皇
孝元天皇
開化天皇
倭迹迹日百襲姫命
崇神天皇
垂仁天皇
豊鍬入姫命
景行天皇
倭姫
両道入姫（日本武尊妃 仲哀天皇母）
日本武尊
成務天皇
仲哀天皇
応神天皇
彦坐王
丹波道主命
日葉酢媛命（垂仁天皇皇后 景行天皇母）
山代之大筒木真若王
迦邇米雷王
気長宿禰王
神功皇后（仲哀天皇皇后 応神天皇母）
狭穂姫（垂仁天皇皇后）
仁徳天皇
履中天皇
市辺押磐皇子
飯豊青皇女
仁賢天皇
手白香皇女（継体天皇皇后 欽明天皇母）
顕宗天皇
武烈天皇
反正天皇
允恭天皇
木梨軽皇子（允恭天皇皇太子）
安康天皇
雄略天皇
清寧天皇
春日大郎皇女（仁賢天皇皇后 武烈天皇母）
大草香皇子
眉輪王
菟道稚郎子皇子（応神天皇皇太子）
稚渟毛二岐皇子
意富富杼王
乎非王
彦主人王
継体天皇
安閑天皇
宣化天皇
石姫皇女（欽明天皇皇后 敏達天皇母）
欽明天皇
忍坂大中姫命（允恭天皇皇后 安康・雄略天皇母）
衣通郎姫（允恭天皇妃）

- 敏達天皇
  - 押坂彦人大兄皇子
    - 舒明天皇
    - 茅渟王
      - 皇極天皇・斉明天皇（舒明天皇皇后 天智・天武天皇母）
      - 孝徳天皇 ── 有間皇子
  - 糠手姫皇女（押坂彦人大兄皇子妃 舒明天皇母）
- 用明天皇 ── 厩戸皇子（推古天皇皇太子 聖徳太子）── 山背大兄王
- 推古天皇（敏達天皇皇后）
- 泥部穴穂部皇女（用明天皇皇后 厩戸皇子母）
- 崇峻天皇

- 天智天皇
  - 大田皇女（天武天皇妃 大津皇子母）
  - 持統天皇（天武天皇皇后 草壁皇子母）
  - 弘文天皇
  - 元明天皇（草壁皇子妃 文武・元正天皇母）
  - 新田部皇女（天武天皇妃 舎人親王母）
  - 施基皇子 ── 光仁天皇
    - 桓武天皇
    - 早良親王（桓武天皇皇太子）
    - 他戸親王（光仁天皇皇太子）
- 間人皇女（孝徳天皇皇后）
- 天武天皇
  - 高市皇子 ── 長屋王
  - 草壁皇子（天武・持統天皇皇太子）
    - 元正天皇
    - 文武天皇 ── 聖武天皇
      - 孝謙天皇・称徳天皇
      - 皇子某（聖武天皇皇太子）
      - 井上内親王（光仁天皇皇后 他戸親王母）
      - 不破内親王（塩焼王妃）
  - 大津皇子
  - 舎人親王（崇道尽敬皇帝）── 淳仁天皇
  - 新田部親王
    - 塩焼王
    - 道祖王（孝謙天皇皇太子）
- 古人大兄皇子 ── 倭姫（天智天皇皇后）

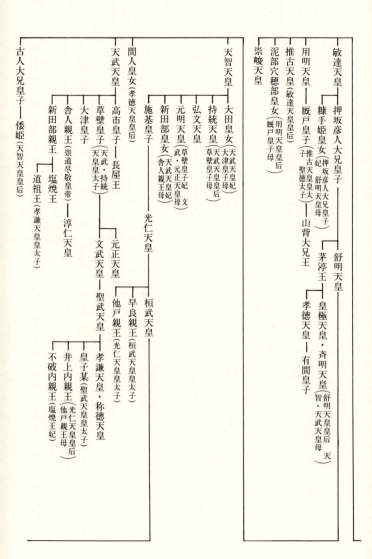

天皇系図

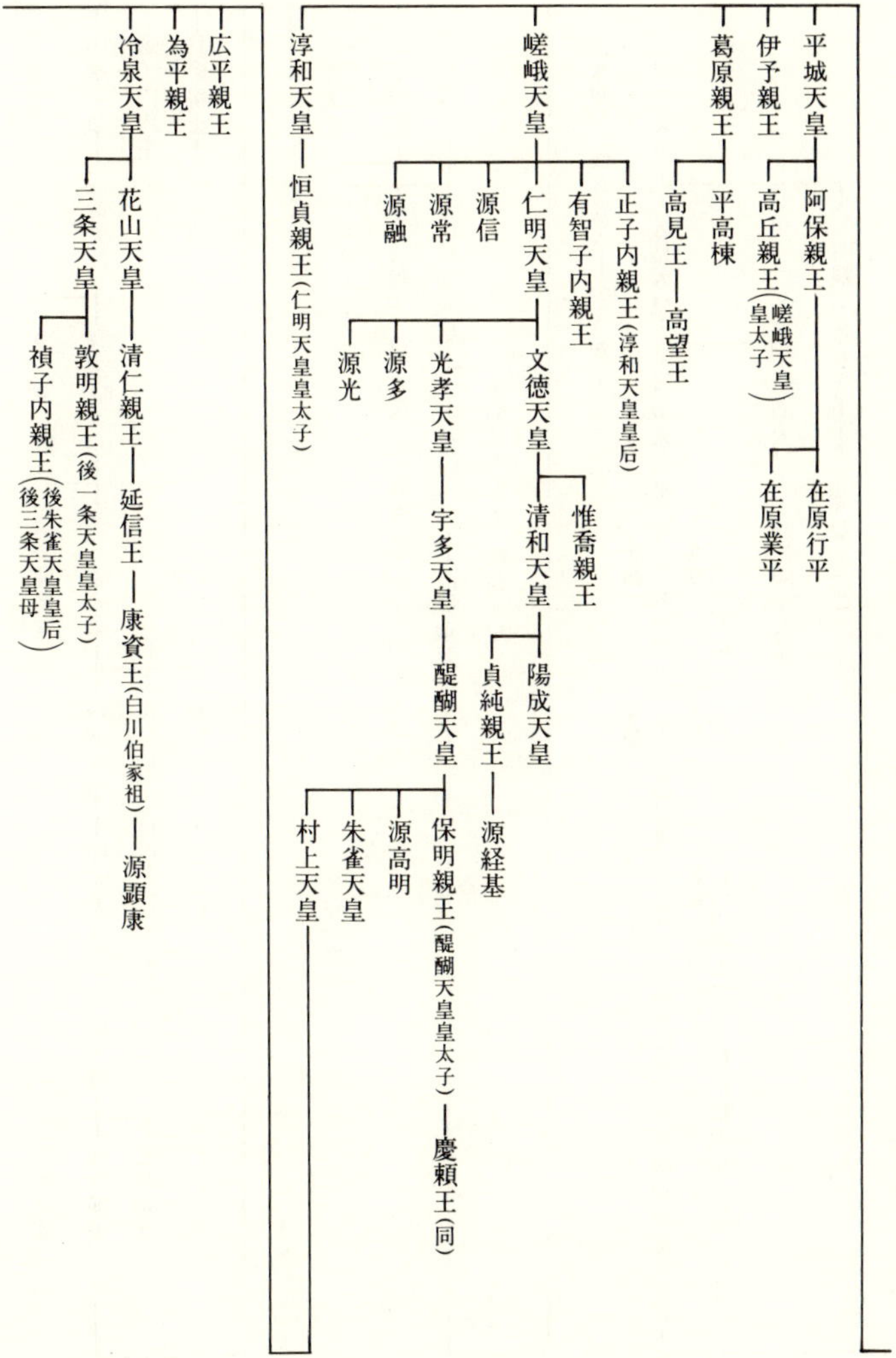
平城天皇
阿保親王
在原行平
在原業平
伊予親王
高丘親王（嵯峨天皇皇太子）
葛原親王
平高棟
高見王
高望王
嵯峨天皇
正子内親王（淳和天皇皇后）
有智子内親王
仁明天皇
源信
源常
源融
文徳天皇
惟喬親王
清和天皇
陽成天皇
貞純親王
源経基
光孝天皇
宇多天皇
醍醐天皇
保明親王（醍醐天皇皇太子）
慶頼王（同）
源高明
朱雀天皇
村上天皇
源多
源光
淳和天皇
恒貞親王（仁明天皇皇太子）
広平親王
為平親王
冷泉天皇
花山天皇
清仁親王
延信王
康資王（白川伯家祖）
源顕康
三条天皇
敦明親王（後一条天皇皇太子）
禎子内親王（後朱雀天皇皇后 後三条天皇母）

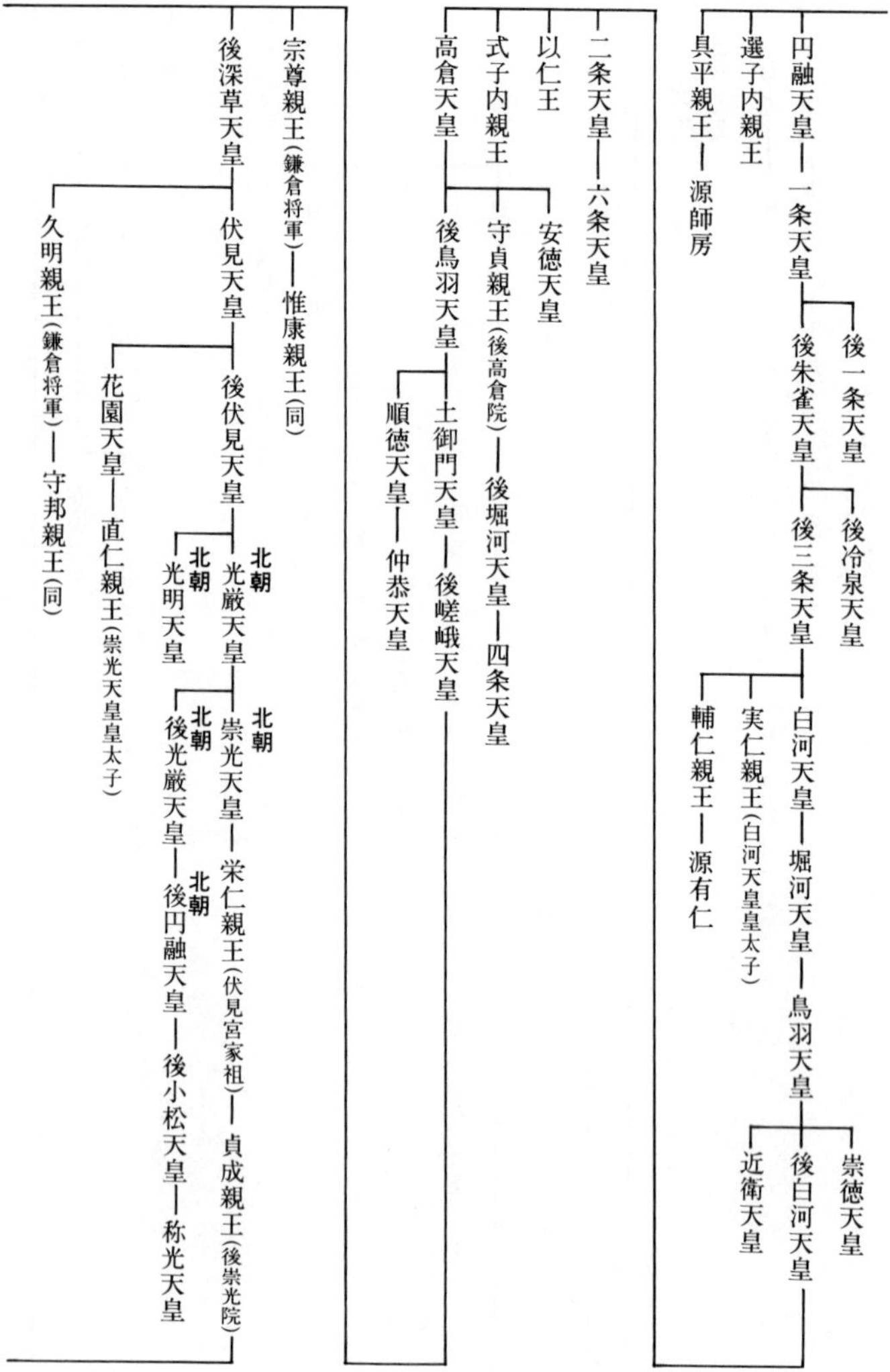

円融天皇
一条天皇
後一条天皇
後朱雀天皇
後冷泉天皇
後三条天皇
白河天皇
堀河天皇
鳥羽天皇
崇徳天皇
後白河天皇
近衛天皇
実仁親王（白河天皇皇太子）
輔仁親王
源有仁
選子内親王
具平親王
源師房
二条天皇
六条天皇
以仁王
安徳天皇
式子内親王
守貞親王（後高倉院）
後堀河天皇
四条天皇
高倉天皇
後鳥羽天皇
土御門天皇
後嵯峨天皇
順徳天皇
仲恭天皇
宗尊親王（鎌倉将軍）
惟康親王（同）
後深草天皇
伏見天皇
後伏見天皇
北朝
光厳天皇
北朝
崇光天皇
栄仁親王（伏見宮家祖）
貞成親王（後崇光院）
北朝
後光厳天皇
北朝
後円融天皇
後小松天皇
称光天皇
北朝
光明天皇
花園天皇
直仁親王（崇光天皇皇太子）
久明親王（鎌倉将軍）
守邦親王（同）

天皇系図

亀山天皇 ― 後宇多天皇
- 後二条天皇 ― 邦良親王(後醍醐天皇皇太子) ― 康仁親王(光厳天皇皇太子)
- 後醍醐天皇
  - 護良親王
  - 宗良親王
  - 恒良親王(後醍醐天皇皇太子)
  - 成良親王(光明天皇皇太子)
  - 懐良親王
  - 後村上天皇
    - 長慶天皇
    - 後亀山天皇
    - 泰成親王(後亀山天皇皇太子)

後花園天皇 ― 後土御門天皇 ― 後柏原天皇 ― 後奈良天皇 ― 正親町天皇 ― 誠仁親王(陽光院)
- 後陽成天皇
  - 後水尾天皇
    - 明正天皇
    - 後光明天皇
    - 後西天皇 ― 幸仁親王(高松宮を継承 有栖川宮と改称)
    - 霊元天皇
      - 東山天皇
        - 中御門天皇 ― 桜町天皇
          - 後桜町天皇
          - 桃園天皇 ― 後桃園天皇
        - 直仁親王(閑院宮家祖)
      - 文仁親王(八条宮を継承 京極宮と改称)
  - 好仁親王(高松宮 有栖川宮家祖)
- 智仁親王(八条宮 桂宮家祖)

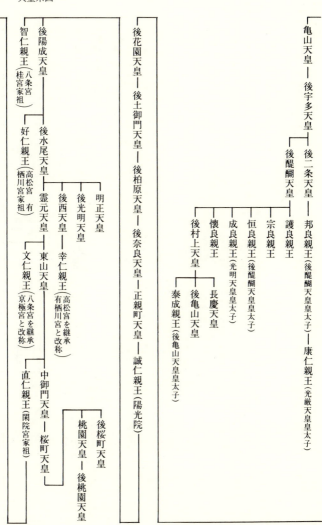

- 典仁親王
  - 光格天皇
    - 仁孝天皇
      - 孝明天皇
        - 明治天皇
          - 大正天皇
            - 昭和天皇
              - 平成の天皇
                - 今上天皇
                - 文仁親王（秋篠宮皇嗣）
                  - 悠仁親王
              - 正仁親王（常陸宮）
            - 雍仁親王（秩父宮）
            - 宣仁親王（高松宮）
            - 崇仁親王（三笠宮）
      - 親子内親王（和宮　静寛院宮　徳川家茂室）
    - 盛仁親王（京極宮を継承　桂宮と改称）

笠原英彦（かさはら・ひでひこ）

1956年（昭和31年），東京都に生まれる．1980年，慶應義塾大学法学部政治学科卒業．1985年，同大学大学院法学研究科博士課程単位取得退学．法学博士．1988～89年，2000～01年，スタンフォード大学（米国）訪問研究員．慶應義塾大学法学部教授を経て，同大学名誉教授．専攻，日本政治史，日本行政史．

著書『明治国家と官僚制』（芦書房）
『天皇親政』（中公新書）
『日本行政史序説』（芦書房）
『天皇と官僚』（PHP新書）
『日本の医療行政』（慶應義塾大学出版会）
『歴代天皇総覧　増補版』（中公新書）
『女帝誕生』（新潮社）
『大久保利通』（吉川弘文館）
『明治天皇』（中公新書）
『象徴天皇制と皇位継承』（ちくま新書）
『明治留守政府』（慶應義塾大学出版会）
『新・皇室論』（芦書房）
『皇室がなくなる日』（新潮選書）
『天皇・皇室制度の研究』（慶應義塾大学出版会）
ほか

皇室典範《こうしつてんぱん》
—明治《めいじ》の起草《きそう》の攻防《こうぼう》から現代《げんだい》の皇位継承問題《こういけいしょうもんだい》まで

中公新書 *2840*

2025年１月25日発行

著　者　笠原英彦
発行者　安部順一

本文印刷　暁　印　刷
カバー印刷　大熊整美堂
製　　本　小泉製本

発行所　中央公論新社
〒100-8152
東京都千代田区大手町1-7-1
電話　販売　03-5299-1730
　　　編集　03-5299-1830
URL https://www.chuko.co.jp/

Published by CHUOKORON-SHINSHA, INC.
Printed in Japan　ISBN978-4-12-102840-2 C1221

中公新書刊行のことば

一九六二年一一月

いまからちょうど五世紀まえ、グーテンベルクが近代印刷術を発明したとき、書物の大量生産は潜在的可能性を獲得し、いまからちょうど一世紀まえ、世界のおもな文明国で義務教育制度が採用されたとき、書物の大量需要の潜在性が形成された。この二つの潜在性がはげしく現実化したのが現代である。

いまや、書物によって視野を拡大し、変りゆく世界に豊かに対応しようとする強い要求を私たちは抑えることができない。この要求にこたえる義務を、今日の書物は背負っている。だが、その義務は、たんに専門的知識の通俗化をはかることによって果たされるものでもなく、通俗的好奇心にうったえて、いたずらに発行部数の巨大さを誇ることによって果たされるものでもない。現代を真摯に生きようとする読者に、真に知るに価いする知識だけを選びだして提供すること、これが中公新書の最大の目標である。

私たちは、知識として錯覚しているものによってしばしば動かされ、裏切られる。私たちは、作為によってあたえられた知識のうえに生きることがあまりに多く、ゆるぎない事実を通して思索することがあまりにすくない。中公新書が、その一貫した特色として自らに課すものは、この事実のみの持つ無条件の説得力を発揮させることである。現代にあらたな意味を投げかけるべく待機している過去の歴史的事実もまた、中公新書によって数多く発掘されるであろう。

中公新書は、現代を自らの眼で見つめようとする、逞しい知的な読者の活力となることを欲している。

中公新書

日本史

d1

- 2189 歴史の愉しみ方 磯田道史
- 2455 日本史の内幕 磯田道史
- 2295 天災から日本史を読みなおす 磯田道史
- 2729 日本史を暴く 磯田道史
- 2579 米の日本史 佐藤洋一郎
- 2389 通貨の日本史 高木久史
- 2321 道路の日本史 武部健一
- 2494 温泉の日本史 石川理夫
- 2671 親孝行の日本史 勝又基
- 2500 日本史の論点 中公新書編集部編
- 1617 歴代天皇総覧（増補版） 笠原英彦
- 2302 日本人にとって聖なるものとは何か 上野誠
- 2619 もののけの日本史 小山聡子
- 1928 物語 京都の歴史 脇田修 脇田晴子
- 2345 京都の神社と祭り 本多健一

- 2654 日本の先史時代 藤尾慎一郎
- 2709 縄文人と弥生人 坂野徹
- 482 倭国 岡田英弘
- 147 騎馬民族国家（改版） 江上波夫
- 2164 魏志倭人伝の謎を解く 渡邉義浩
- 1085 古代朝鮮と倭族 鳥越憲三郎
- 2828 加耶《かや》/任那《みまな》―古代朝鮮に倭の拠点はあったか 仁藤敦史
- 2533 古代日中関係史 河上麻由子
- 2470 倭の五王 河内春人
- 2095 『古事記』神話の謎を解く 西條勉
- 1502 日本書紀の謎を解く 森博達
- 2362 六国史《りっこくし》―日本書紀に始まる古代の「正史」 遠藤慶太
- 2673 国造―大和政権と地方豪族 篠川賢
- 804 蝦《え》夷《みし》 高橋崇
- 1041 蝦夷《えみし》の末裔 高橋崇
- 2699 大化改新（新版） 遠山美都男
- 1293 壬申の乱 遠山美都男

- 2636 古代日本の官僚 虎尾達哉
- 2371 カラー版 古代飛鳥を歩く 千田稔
- 2168 飛鳥の木簡―古代史の新たな解明 市大樹
- 2353 蘇我氏―古代豪族の興亡 倉本一宏
- 2464 藤原氏―権力中枢の一族 倉本一宏
- 2563 持統天皇 瀧浪貞子
- 2725 奈良時代 木本好信
- 2457 光明皇后 瀧浪貞子
- 2648 藤原仲麻呂 仁藤敦史
- 2452 斎宮―伊勢斎王たちの生きた古代史 榎村寛之
- 2783 謎の平安前期―桓武天皇から『源氏物語』誕生までの200年 榎村寛之
- 2829 女たちの平安後期―紫式部から源平までの200年 榎村寛之
- 2559 菅原道真 滝川幸司
- 2281 怨霊とは何か 山田雄司
- 2662 荘園 伊藤俊一

中公新書

政治・法律

h1